JN214020

いちばんわかる!
学校DX事始め

"NEXT GIGA"に備える
基礎知識&実践ガイド

玉置 崇 著

ぎょうせい

はじめに

あるところで「学校DX」という文言を提示したら、「学校デラックスって何ですか？」と質問されましたので、「デラックスではありません。デジタルトランスフォーメーションです」と伝えたことがありました。「DX」は、デジタル技術を用いることで、生活やビジネス、教育など、私たちの身の回りのあらゆるものが良い方向へと変わっていくことを指す概念です。

ところがなぜ、上記のように「デラックス」と読んでしまうのでしょう。「デジタルトランスフォーメーションであれば、DXではなくDTではないか」と考えるからだと思います。略称で「DT」とならない理由を書き出すと、紙面が足りなくなりますので、ぜひ生成AIに聞いてみてください。

次期学習指導要領に向けての検討が始まりました。審議事項の一つに「分かりやすく使いやすい学習指導要領の在り方」があります。「学校（教育）DX」も次期学習指導要領では外せない重要事項ですが、「DXって、そもそも何？」と問いたくなるほど、わかりにくい概念です。ましてやそれが学校教育にどのような変化や変革を起こすのか、予想できない方が多いことでしょう。

本書は、こうしたことを踏まえ「学校DXの基本」から学ぼうとされる皆様を想定して、株式会社ぎょうせいの萩原和夫さんと様々なことを協議しながら書き上げました。おかげさまで、他に類がない良本になったと思います。ぜひお手元にお置きください。

令和7年3月吉日　　　**玉置　崇**

［目次］

4　学びのDX取組例

5　学校の問題・課題をソリューションしよう

6　子どもと私たちにとって 楽しい学校になるためのDXに向けて　132

第１章

速解！　学校DX

１　そもそも学校DXとは何？

☞１
“NEXT GIGA”は校務と授業の一体改革

１　「校務と授業の一体改革」の裏付け

「GIGAスクール構想」というと、多くの人は、子どもたちが１人１台情報端末を活用する授業をイメージしますが、タイトルに掲げたように、校務と授業の一体改革を目指していることを改めて認識していただきたいと思います。

次の文章は、2019年12月19日、当時の文部科学大臣であった萩生田光一氏の名前で出されたメッセージの一部です。「１人１台端末環境は、もはや令和の時代における学校の『スタンダード』であり、特別なことではありません。（略）最先端のICT教育を取り入れ、**これまでの実践とICTとのベストミックスを図っていく**ことにより、これからの学校教育は劇的に変わります。（略）多様な子供たちを誰一人取り残すことのない公正に個別最適化された学びや創造性を育む学びにも寄与するものであり、特別な支援が必要な子供たちの可能性も大きく広げるものです。（略）統合型校務支援システムをはじめとしたICTの導入・運用を加速していくことで、**授業準備や成績処理等の負担軽減にも資する**ものであり、学校における働き方改革にもつなげていきます」

このようにGIGAスクール構想の当初から、校務と授業の一体改革を掲げています。

2　教師の端末活用が一体改革のカギ

　では、校務と授業の一体改革がなぜ必要とされているのでしょうか。「**子どもの学びと教師の学びは相似形**」という文言があります。こう言われるのは、子どもの情報端末活用を推進しようとしても、教師が情報端末を活用していないと、うまくいかないという事例があちこちで散見されるからです。

　一体改革が進んでいる学校では、研修形態や内容に特徴があります。教師が子ども役となって、端末活用の授業を受けることで、子ども視点からの端末活用を考える機会が意図的に作られています。授業を受ける側になってみると体感することが多々あります。自身の授業の在り方を見直すことにもなります。まさに、「子どもの学びと教師の学びは相似形」であることが、情報端末活用を推進する点から立証されています。

　これに伴って、授業準備や成果の捉えをデジタル化することで、これまでの教育活動の質を落とすことなく、効率的に行う事実が生まれてきています。**教師が授業において情報端末を日常的に活用することで、校務における情報化も進む**という研究校からの報告もあります。様々なことを発想する際に、情報端末を活用すると、より効果的で効率的な教育活動ができると考える教職員が増えてきたという事例もあります。こうしたことから、“NEXT GIGA” においては「校務と授業の一体改革」が重要視されているのです。

【参考文献】

・子供たち一人ひとりに個別最適化され、創造性を育む教育 ICT 環境の実現に向けて～令和時代のスタンダードとしての１人１台端末環境～《文部科学大臣メッセージ》

☞2
速解・これが学校DXだ！

1　学校に「変革」を起こすDX

学校DXという以上、単にアナログ業務をデジタル業務にすることだけを指すのではありません。**学校のあらゆる業務や授業においてデジタル化が進む、それが有効的に働くことを指しています。**DXの進展によって、教育環境に大きな格差が生じる可能性があると言っても過言でありません。それだけに学校DXのイメージをしっかりもち、変革に前向きに取り組むことが大切です。

では、DXはどんな変革を生み出すのでしょうか。**学校教育のあらゆる環境に変革を創り出すと言っても過言ではありません。**例えば、紙によって文書伝達をすることは皆無になるでしょう。すでにメールやチャットで、それを実現している学校は多いと思いますが、デジタルによる伝達情報は想像もしなかった状況になることは間違いありません。定型的な伝達は生成AIにより自動的に配信され、受け取り側の取得の有無もAIが管理して、きめ細かな情報連絡ができるようになります。応答も端末に掲載されているカメラが指の動きでのリアクションを把握して、相手側に返すことも夢の世界ではありません。

子ども側にも変革をもたらすことは間違いありません。例えば、紙のテストの頻度は現在より低くなります。全国学力・学習状況調査は、すでにCBT化（Computer Based Testing）の方向に進んでいます。校内においても、デジタル問題を作成し自動採点できるシステムを入れている学校が見られるようになりました。そこで得られたデータをもとに、誤答分析をしたり、今後の指導方針を決めたりしています。また、個々のデジタル情報を「教育ダッシュボード」と称した一人一人のデータを一元化して表示するシステムにより、一人一人のことをこれまで以上に把握してきめ細かな指導を進めようとしている学校もあります。**学校DXの可能性を示し始めたら、きりがありません。夢のようなことの現実化が進んでいます。**

下図は、文部科学省資料「GIGAスクール構想の下での校務DXについて」に示されたダッシュボードの図です。子どもの家庭環境、その日の心情（心の天気）、テスト結果、指導に関する留意事項などが一元化表示されています。

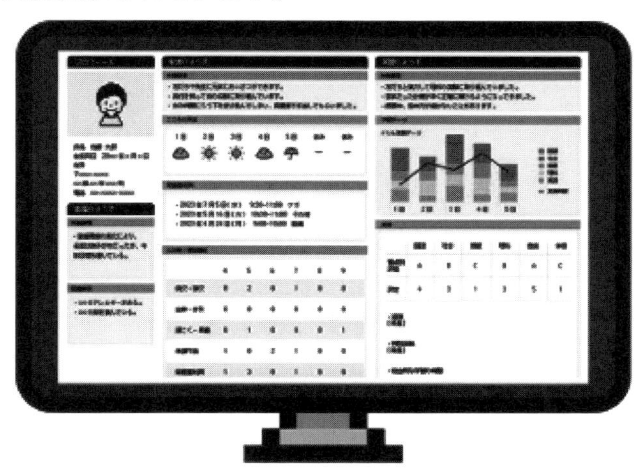

データ連携基盤（ダッシュボード）の創出

【参考文献】

・学校教育におけるDXとは（Google for Education、情報発信サイト）
https://g-apps.jp/ict-education/digital-transformation/

☞３ これだけは知っておきたい！ DX の基礎と活用

１　これだけは知っておきたい DX の基礎

教職員として、これだけは知っておきたい DX の基礎事項やそれによる変化を示します。

⑴データ活用

「データを収集・分析し、意思決定や効率化に活かす DX」

学校では、子どもの成績データをもとに、その子どもの頑張りを捉えたり、今後のための指導助言をしたりすることが頻繁にできるようになります。また、成績データは、教師の指導成果を端的に表す情報です。それらをもとに教科指導の在り方を話し合うことなども容易にできるようになります。

⑵プロセスの効率化

「業務をデジタル技術で最適化する DX」

業務処理がデジタル化することで、時間の使い方が変わってきます。例えば、教職員の意向を聞くためにアンケート調査をすることは容易となります。フォーマットに従って条件を入力するだけで簡単にアンケートが作成できます。教職員に回答を求めて集約することも短時間でできます。従来かかっていた時間は、アンケートを分析する時間に転用できます。

教材を共有化し蓄積することもデジタルであれば、場所に困ることはありません。クラウド（p.12 参照）にありますから、どこからでもその教材を取り出すことができます。

⑶つながり強化

「教職員、子ども、保護者、行政のつながりを強化する DX」

あらゆるデータがクラウド上にあることから、データの共有化が容易にできます。そのため、これまではつながるために苦労していたことも、その苦労は軽減します。例えば、保護者に提供する子どものデータは、セキュリティを確保した上で、保護者にクラウドから取得してもらうことが可能となります。学校から保護者に提供するデータ提供の方法が大変革する可能性があります。オンライン授業もこれまでには考えもしなかった学校からの情報提供と見ることができます。

2　ゴールに向かうための手立ての多様化が DX

1 で示した DX の基礎事項はあくまでも一例です。3 か月経てば、それまで考えることができなかったことが可能になっていることは多々あると思います。

例えば、全国学力・学習状況調査の CBT 化（Computer Based Testing）は、さらに進められてくるでしょう。GIGA スクール構想を推進している文部科学省は、DX 化できる分野をさらに拡張しようと考えていることは間違いありません。これからの社会を生き抜く子どもたちを育む学校ですから、技術革新に対しては前向きに考え、まずは取り組んでみることです。デジタル化はあくまでも物事を為すための手段です。ゴールに向かうための手立てが多様化してきたと考えるとよいでしょう。

2　校務DXで変わること・変えること

☞1
校務にDXが求められるワケ

1　校務にDX？？？

「校務のDX化」という文言から、いったい教員の仕事をどうしたいのだ！ と怒りに近い感情をもつ人がいるでしょう。

世の中に「校務支援システム」がなかった時代、つまり25年ほど前です。教頭だった当時、私は企業とともに、3年間にわたって校務を支援するシステムを作り上げました。

40人を超える教職員がいましたので、仕事をデジタル化していくことに懸念をもっていた人がいました。コンピュータを活用することで、よけいに時間がかかって面倒になると考えた人は一人や二人ではありません。「全員があなたのように、コンピュータ活用に前向きではないことは忘れないでください」と言われたこともあります。

今では、校務にコンピュータを使うことは当たり前ですが、それでもなお、**新たに業務をコンピュータ化していくことに強い抵抗感をもつ人がいることを肝に銘じて校務DXを進めることが大切**です。

2　校務DXが求められるのは

ここで校務DXを私なりに定義しておきます。

校務 DX とは、「デジタル技術を活用して学校運営や事務作業を効率化・自動化する取組です。教育現場の業務負担を軽減し、教員がより教育に集中できる環境を整えることを目的としています」と考えています。

校務 DX が求められるワケを伝えるために、それによって教育がよくなるイメージを以下に示しておきます。

- 子ども一人一人の情報が一元化されていて、子どもの情報が手元の端末で容易に見ることができたり、過去の情報と組み合わせてみたりすることで、その子どもの状況が詳しく把握できる。
- 校内 SNS 等の活用により、教職員間のコミュニケーションが活発になり、課題解決に向けて進めることができる。
- 授業資料等、教育活動に関わるデジタルデータが自動的に保管され、だれもが必要なときに容易に活用できる。
- 学校全体で共有化したい情報は、常に表示されていて、見落としがない。発信者が閲覧者を確認したり、その情報から関連する情報を個別に発信したりすることもできる。
- 通知表がデジタル化され、学校はわざわざ紙の通知票を発行する必要がない。保護者はパスワードで自分の子どもの通知表をいつでも閲覧できる。

校務が DX 化された職員室のイメージをもてたでしょうか。これまで**様々なところに保管されていた情報が、システムによって、自動的につながれていて、それらを日常の教育活動に気軽に活用できるイメージです。**

ある子どもの情報を得ようとすると、指導要録、環境調査票、生徒指導日誌、保健日誌などのいくつかの文書を確認しなくてはいけませんでした。それらの情報が手元の端末で見ることができる環境を想像していただけるとよいと思います。

☞ 2
校務系・学習系のネットワークが一緒になると…

1　校務系・学習系ネットワークが一緒になるとよいのか？

「校務系・学習系ネットワークが一緒になるとよいのか？」という問いに対しては、自信をもって「よい！」と答えます。

文部科学省は、一時期、セキュリティ確保の観点から、教員は複数端末を利用することを前提とした提言をしました。厳密に捉えると、校務用端末（職員室で活用）、外部とつながる端末（職員室でインターネット等で活用）、学習用端末（教室で活用）の３台を持たなければいけないと読み取れました。

このように、**校務系・学習系ネットワークが一緒になると、端末の複数持ちは必要ありません。**一つの端末で、校務業務も授業業務も、学校外の皆さんとのやり取りもできます。業務内容によって端末を変えることなく、仕事がスムーズにできます。

だいたい机上に３台の端末を置こうにも置けません。一時期の「教育情報セキュリティポリシーに関するガイドライン」は、現実離れの提言でした。現在は、技術の進歩があり、情報セキュリティを確保した上での「校務系・学習系ネットワークの一元化」が推奨されています。安心した環境を整えることができるようになりましたので、**校務系・学習系ネットワークを使って、どのような教育を実現するとよいかを考えることが重要**となりました。

2　校務系と学習系データが連携すると

校務系データ（出欠管理、成績、健康情報など）と学習系データ（学習履歴、テスト結果、学習ログなど）を連携したことで、個別対応ができた若い教師の事例を紹介します。

その教師は、ある子どもの遅刻（校務系データ）が気になるようになり、ふと最近の学習状況（学習系データ）との関連はないだろうかと端末から観ることができる相関を見たそうです。すると、算数で分数学習が始まってから、遅刻が増えてきていることが分かりました。

そこで、面談をしてみたというのです。その子どもは「授業がわからなくなったことが多くて、学校がおもしろくなくなった」と話したというのです。「算数授業？　分数？」などと投げかけてみると、子どもの表情から「分数がわからない」ことが一番の要因であることを確信したそうです。

こういうときこそ個別に指導することが大切だと思い、授業後、あらためて分数について指導したところ、基本問題はできるようになり、表情も随分と変わったとのことでした。

その若い教師は言いました。「ベテラン教師であれば、私のように校務系と学習系データの相関を見なくても気づくと思いますが、私は経験が浅くて気づかなかったのです。でも、こうしたことができるのが教育DXなのだと思います」。

まさに**データ連携による子どもの個別対応ができる**という好事例です。

【参考文献】

・文部科学省 「教育情報セキュリティポリシーに関するガイドライン」2017年（2024年に改訂）

☞３
クラウドのメリットと活用のポイント

１　クラウドのメリット

クラウド（正式名称：クラウドコンピューティング）とは、**インターネット上にあるサーバにデータやソフトウエアを保存しておき、必要なときに使えるようになっている仕組み**のことです。

これまでは使用している端末に、ソフトウエアをインストールして活用していました。そのため端末を変えたときは、新たにそのソフトウエアをインストールしなければなりませんでした。データもその端末に保存していましたので、他のコンピュータでそのデータを活用しようとすると、USB等に保存してデータを移動させないといけませんでした。東日本大震災の時にはコンピュータやサーバが地震、水害で壊れ、大切なデータを多く失ってしまいました。しかし、インターネット上のクラウドに保存することで、どこからでもアクセス可能になり、デバイスが壊れたときでもデータが失われる心配がなくなりました。このようなメリットがあります。

２　クラウドがなければDXは進まない

クラウドがなければDXは不可能です。一方、いわゆるIT化はクラウドがなくても実現可能です。手作業で行っていたアナログ業務をデジタルに変換することが IT 化ですから、その端末だけで完了します。**クラウドは、端末に保存したデータを他の端末から活用したり、他者に活用してもらったりするための仕組みですから、IT 化とは次元が違います。**

私の例で言えば、スケジュール管理は、クラウド上のカレンダーで行っています。PC やスマホから容易に入力できますし、スマホからカレンダーを見て次の予定を確認することは日に何度もあります。出張に出かけるときは「乗換案内」などのアプリを使って行程を確認、決定をしますが、それもクラウド上のカレンダーに転送していますので、情報が一元化できています。紙の手帳のように書き込む量に制限がなく、仕事の依頼メールすべてを該当日にコピーして、情報を探し出す手間がないようにしています。

さらにデータ保存に絞って過去を思い出すと、私が初めてコンピュータ（NEC9801）を購入したときのデータ保存は、いわゆるカセットテープ方式でした。想像ができないと思います。それがフロッピーディスクになり、MD となり、端末に内蔵されたハードディスクとなりました。今ではクラウド保存が常識となりました。データ保存、移行だけに焦点を絞っても大容量保存、容易な移行となりました。物凄い速度で技術革新がなされています。数年先の状況は予想できない時代になりました。**新たな技術活用に躊躇することがあると思いますが、まずは活用することです。新技術のメリットは活用しなれば体験できません。**

☞４
「ダッシュボード」がもたらすものは

１　ダッシュボードとは

ダッシュボードと聞くと、車のダッシュボードを思い出される方が多いでしょう。ダッシュボードを見ると、速度、走行距離、燃料残量、シートベルト状態などが一元表示されていて、車の状態を瞬時につかむことができます。

教育におけるダッシュボードも同様と捉えればよいでしょう。**子どもの状況がコンピュータ画面に一元表示されていて、あちこちの資料を見ることなく、容易につかむことができる**と考えてください。

ダッシュボードを導入している学校はまだ少数ですので、よりイメージが湧くように、私が校長時代にある子どもの状況をつかむのにどのようにしていたかを紹介して、ダッシュボードのよさをお伝えしたいと思います。

担任から「最近、クラスのＡさんが不安定であるようです」という情報が入りました。担任は授業をしていますので、まず自分で情報をできるだけ把握することにしました。まず、Ａさんの最近の出欠状況が気になります。それを確認するには、養護教諭が日々記録している健康観察一覧を見なければなりません。保健室に出向き、Ａさんの出欠状況を確認します。最近、欠席が増えてきていることがわかりました。Ａさんの兄弟も同様な状況ではないか心配になります。職員室に戻り、Aさんの家庭環境調査票を見ます。妹がいることがわかりました。もう一度、保健室に行って妹の出欠状況を確認します。姉妹で同じ傾向がみられます。では、Aさんの家庭環境をどうなのだろうかと疑問がわき、もう一度、調査票を見ることをします。すると、特別な事情があることがわかりました。次に……というように、情報を得るためにあちこちに保管してある書類を確認しなければなりません。

ダッシュボードは、情報を把握するためにあちこちに動いて手に入れなければいけない状況を一掃します。

2　医学界では当たり前

2024年3月に冠動脈バイパス手術を受け、20日間ほど入院しました。主治医から術後経過を聞く機会がありました。主治医はコンピュータに表示されている私の電子カルテ（いわばダッシュボード）で情報を確認しながら、動画や数値を示しながら丁寧に説明してくれました。

教育界でもダッシュボードと称したものを導入して、子ども一人一人の状況を一元化して、よりきめ細かな教育ができるように改革が進んでいることを伝えました。そして、自分のカルテを見せてもらいました。知識はありませんので、数値を見てもよくわかりませんが、**自分の体の状態を示すデータが、入院直後から蓄積されていて、主治医の判断材料となっていることがよくわかりました。**教育界でもいち早くこうしたダッシュボードが完備される必要があると痛感しました。

☞5
セキュリティは大丈夫？

1　知っておきたいセキュリティ知識

2023年３月８日に、GIGAスクール構想の下での校務の情報化の在り方に関する専門家会議が示した「GIGAスクール構想の下での校務DXについて」の中に、「次世代の校務DXにおける情報セキュリティの確保」という項目があります。ここには専門的な事柄が示してありますので、知っておくべき２点の説明をします。

⑴「セキュリティポリシー」とは何か

情報セキュリティ対策に対する根本的な考え方を表すものです。**学校が、どのような情報資産を持ち、どのような脅威から保護しなければならないのかを明らかにしたもの**と捉えるとよいでしょう。とりわけ学校リーダーは、セキュリティポリシーについてはよく把握しておくべきです。

教職員の中に、パスワードを書いた付箋紙をPCの隅に貼っている方はおられないでしょうか。以前は目にした光景です。ある高校では、生徒が職員室掃除の際にその付箋紙でパスワードを知り、ネットを通して教職員専用のデータフォルダに入ってしまいました。その学校ではセキュリティポリシーがなかったようですが、仮にあったとしてもそれを守ろうとしなければ意味はありません。パスワード管理は重要事項として示してあるはずです。

なお、情報セキュリティを決めるにあたっては、安全性のみを追求するのではなく、利便性の確保の観点も踏まえる必要があると言われています。**情報セキュリティポリシーの目的は、教職員が安心して働くことができる環境を実現することです。**ポリシーの順守は大切ですが、それが目的となってしまって、働きにくい環境にしてしまっては本末転倒です。

⑵「ゼロトラスト」とは何か

ゼロトラストは、「**決して信頼せず、必ず確認せよ**」という考え方に基づいた新しいセキュリティモデルのことです。従来のセキュリティモデルでは、社内のプライベートネットワークは信頼できるものとして捉えるのが当然でした。しかし、社内のものであっても信用できないという前提に立って、**すべての通信・端末を都度検証することで、組織の資産をより強固に守る考え方がゼロトラストです。**

この背景には、セキュリティへの脅威が増加していることがあります。サイバー攻撃という文言を耳にしたことがあるでしょう。政府機関システムでもサイバー攻撃にあってしばらく機能を停止する事態が生じました。

技術的に高度かつ狡猾になってきていて、ランサムウェアやフィッシングなどの多様な攻撃によって、従来のセキュリティ対策では対応できなくなってきています。IT環境が拡大してきていることはとてもよいことですが、それだけサイバー攻撃の対象となる情報資産が増えてきていることを意識する必要があります。学校資産は、個人情報が集積されているものばかりです。犯罪者がその気になれば、学校が活用しているクラウドから情報を抜き取ることは簡単にできると指摘されます。DXが進めば進むほど、セキュリティを高めることは欠かせません。

☞ 6
学校と教育委員会との連携はどう変わる？

1　学校と教育委員会の距離を縮める DX

教育行政を進めるには、現場の実態を把握することから始まります。調査が多すぎて学校の多忙化を加速しているという批判はありますが、実態に基づいた施策を行うためには致し方ないことです。「❶文部科学省⇔❷都道府県教育委員会⇔❸市町村教育委員会⇔❹学校」という双方向の流れで調査がされますので、例えば、文部科学省が調査依頼を発出してから、その結果を受け取るまでには数か月かかります。

ところが校務 DX が進行すると、上記の図式は一気に変わります。例えば、❶文部科学省は、❷❸❹へ同時発出ができます。調査内容を web サイトに示し、そこで回答できるようにすることで、アナログで行っていた調査時間がゼロになると言ってもよいでしょう。全国学力・学習状況調査の CBT 化（Computer Based Testing）が進んでいる理由もここにあります。子どもが端末を使って調査に回答すれば、全国の学校データを瞬時に集めることができます。この調査が始まったときは、紙による調査でしたので、配布・回収はすべて運送業者によって行われていました。北海道の学校で行われた調査用紙が集計場所へ届くだけでも、かなりの日数がかかったはずです。このことから、校務 DX は学校と教育委員会の距離を大いに縮め、無駄な時間を省くものだとわかります。

2　指導主事・校長・教頭・事務の仕事が変革

教育委員会の指導主事の仕事ぶりを見て「指導主事とは名ばかりだ。事務処理に忙殺されているから事務主事だ」と嫌味を耳にすることがあります。仮に市内 25 の小中学校のインフルエンザ感染者数を調査するとします。これまではファックスで調査用紙を送信し、その返信を待って集約していました。すぐにでも必要なデータであるにもかかわらず、かなりの時間を要していました。

ある市では、指導主事・校長・教頭・事務を 1 グループとしたチャットを立ち上げていて、こうした調査もチャットでやり取りしています。瞬時に調査依頼ができることだけでも、時間短縮が図れます。その調査内容を見て、質問をチャットに書き込むこともできます。その質問は指導主事ばかりではなく、全メンバーが読むことができ、情報の共有化が図られて全体の理解が進みます。

事務職員が教育委員会へこのチャットを通じて質問をすることもしています。従来は指導主事との電話のやりとりで解決していた事案です。チャット活用によって、相手の時間を拘束することはありません。電話をしても指導主事は不在で、業務を進めることができない事例はたくさんありましたが、それが解消できました。

このように、**DX によって時間短縮ばかりではなく、それによって生まれた時間は、各職の本来の仕事に従事できる時間を生み出すと言っても過言ではありません。**所属メンバーが DX のよさや価値を実感すると、さらに進化すると言います。メンバーの中に、他の業務も DX 化できるという発想が生まれやすいからだと思います。

☞7 校務DXを教職員のウェルビーイングに生かす条件

1　校務DXをウェルビーイングに生かす

まず「ウェルビーイング」の確認をしておきます。文部科学省の「次期教育振興基本計画における方向性」には、次のように定義されています。

> ○　身体的・精神的・社会的に良い状態にあることをいい、短期的な幸福のみならず、生きがいや人生の意義などの将来にわたる持続的な幸福を含む概念。
> ○　多様な個人がそれぞれ幸せや生きがいを感じるともに、個人を取り巻く場や地域、社会が幸せや豊かさを感じられる良い状態にあることも含む包括的な概念。

この定義を見ると、ウェルビーイングが校務DXにつながるのかと思われる方があるでしょう。「多様な個人がそれぞれ幸せや生きがいを感じる」に注目するとよいと思います。次図が示されています。教師のウェルビーイングが、「職場の心理的安全性、良好な労働環境、保護者や地域との信頼関係、子供の成長実感」と、幸せや生きがいを感じるものである事例が示されています。校務DXは、これらの事例を生み出すために効果があるものと捉えるとよいでしょう。

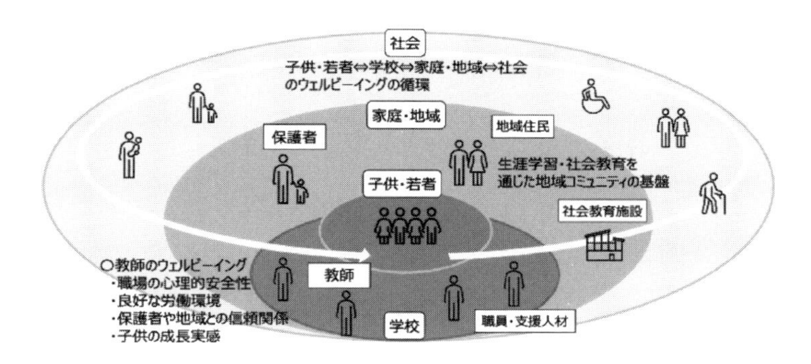

2　つながりがあることが幸せを生む

校務DXは、デジタルでのやり取りが中心となりますが、人とのつながりを生み出します。ネット上に自分の関心が高い教育論文が掲載されていた場合、その著者との連絡をとることは難しいことではありません。感想等をメールで伝えると著者から返信があることも珍しいことではありません。よい意味で新たな人とつながることは、嬉しいことです。

人とのつながりが幸福感に影響を与えることを示す研究があります。ハーバード大学が84年間にわたり2000人以上を追跡調査した結果、健康で幸せな人生を送るためには良好な人間関係が重要であることを明らかにしました。また、日本の研究では、人間関係の質が幸福感と関連していることが示されています。つきあいの数よりも、つきあいの質への評価が幸福感と関連していることが報告されています。**校務DXは教職員間のつながりを生み出し、働くことの充実感を高めることに寄与することは間違いありません。**

【参考文献】

・文部科学省「ウェルビーイングの向上について（次期教育振興基本計画における方向性）」2023年5月

３　DX で学びを起こす―広がる学びのカタチ

☞１

DX が授業で発揮する力とは

１　DX が授業での子どもの姿を変容させる

DX は授業での子どもの姿を変容させることでしょう。何ら変容がなければ、DX が活かされていないと考えるべきです。

授業での DX を子どもの立場から考えると、子ども自身で情報を得るための活動が増えてくるでしょう。例えば、社会科では、第一情報源は教科書であっても、それ以降は子ども自身が情報源を選び、そこの中から必要な情報を得る活動が多くなってこそ、DX です。

また、協働作業も多くなってきます。DX で互いに自分の取組（例：作文、図）を容易に見合うことができるようになります。「途中参照」「他者参照」（p.98 参照）という言葉がありますが、これはクラウド上で級友やグループが作っているレポートなどを見て、自分の活動に活かすという意味が込められています。以前なら「カンニング」といわれていた行為です。自分の活動が制限されることなく、他人が参照してくれるのは嬉しいことです。まさに互いに学び合う環境が DX で整えられてきます。

上記の授業での子どもたちの様子を想像してみてください。教師の話を黙って聞き、板書をノートに写すだけの静的な授業は少なくなります。子どもの活動量は一気に増えますので、子どもたちが喜々として学ぶ姿が多くなるのは当然のことです。

2　DXが授業でつながる喜びを体感させる

人が幸福であると感じる一要素は、人とつながっていることであるといいます。教室内で誰ともつながっていない子どもは、孤独感を感じるでしょうし、自分はここに居てよいのだろうかとも思うことでしょう。しかし、**DXによって、子どもと子ども、子どもと教師をつなぐことは容易になりました。**

例えば、ある子どもが自分の美術作品の写真をクラウド上に上げたとします。互いにそれぞれの作品を見合って、コメントを出し合う活動は、DXでは簡単にできます。級友が自分の作品に「いいね！」と評価してくれたり、具体的にコメントを出してくれたりすることは、とても嬉しいはずです。こうした子どもたちを結び付ける環境づくりは、DXならではのものです。

ある小学校で実際に見た風景です。理科実験の結果を端末入力していました。教師は級友の結果を端末で見るように指示しました。クラウド上にデータがあるので、他のデータを見るのは容易です。一人の子どもが、ある子どものデータ画面を見た時に凝視しました。「あの子はあのページをじっと見ているな」と捉えた後の授業場面では、フリー時間が設けられ、端末を持って誰と話してもよい時間となりました。すると、その子どもは凝視していた子どもに素早く近づき、同じ実験をしたのに結果がかなり違うことから、「これはおかしい」と伝えている場面に遭遇しました。これはまさにDXが子どもと子どもを結び付けた例です。実験結果を理科ノートに記録するなどの従来の方法では、とてもこうした場面は生まれませんでした。DXのよさを目の当たりにしました。

☞２

個別最適な学び・協働的な学び

１　「個別最適な学び」の主語は子ども

「個別最適な学び」を捉えるときには、「個別最適化された学び」と比較するとよくわかります。

「個別最適化された学び」の主語は教師です。教師が子どものために、個別最適な学びを提供することを指しています。冷静に考えると、学級に仮に２名しか子どもがいないとしても、それぞれに最適な学びを提供するのは難しいことです。文部科学省の友人には、「文科省は、教師を神様だと思っていないか」と笑いながら伝えています。30 人ほどの子どもがいる学級では、とても一人一人に応じた最適な学びを提示することはできません。したがって、**子ども自身が自らを振り返り、最適な学びを自分で決めて実践できるようにする**ことが重要となります。これが「個別最適な学び」です。

「個別最適な学び」を DX の視点で事例を挙げると、子どもが自ら目標を決めて、その達成のために学ぶ手順を決めたり、学び形態を決めたりする際に、学ぶためのツールを自ら選択することがあります。また、自らを振り返ることで自分自身の現況をつかみ、次の目標を新たに作ることを重ねることもあります。この時に、振り返りをデジタルで保存して、過去や仲間の振り返りとツールを活用して比較することもあります。

2 「協働的な学び」は「自己を啓発させる学び」

2021年「教育課程部会における審議のまとめ」では、協働的な学びを次のように示しています。

「子供同士で、あるいは地域の方々をはじめ多様な他者と協働しながら、あらゆる他者を価値のある存在として尊重し、様々な社会的な変化を乗り越え、持続可能な社会の創り手となることができるよう、必要な資質・能力を育成する『協働的な学び』を充実することも重要である」

DXでの視点では、「あらゆる他者を価値のある存在として尊重」という部分に「協働的な学び」の本質があると考えるとよいでしょう。「協働的な学び」を「子ども同士の学び合い」のみ、つまり狭い範囲で捉えておられる方がいます。多様な他者との協働と記されているように、学級の枠を越えて、地域ばかりではなく、世界の人々とのつながりまでを含めた「協働的な学び」を定義しています。このような学びを実現するには、教育DXが有効です。

また、「協働的な学び」を「**自己を啓発させる学び**」と捉えてもよいでしょう。私の校長時代に、英語教師に大変憧れていた子どもがいました。「将来、あの先生のような英語力を絶対に身につけたい」と何度も発言していました。これもまさに「協働的な学び」の成果です。子どもは他者と交わったことで、自己啓発されたわけです。このように、生徒の身近にいる教師も「協働的な学び」を促進する一人であると自覚すべきです。

【参考文献】

・中央教育審議会教育課程部会「教育課程部会における審議のまとめ」2021年1月25日

☞３
自律的な学びを促す自由進度学習

１　「自由進度学習」を捉える

「自由進度学習」とは、子どもが自分のペースで学習を進めることができるように設計された学習方法の一つです。次の特徴があります。

○**個別最適化**　それぞれの子どもが自分の理解度や学習スタイルに合わせて進度を調整します。

○**自己管理**　子どもが自身の学習進度を管理し、目標に向かって計画的に学習を進めるスキルを育むことが重視されています。

○**教師のサポート**　教師は子どもの進度や理解度を把握し、個別に支援やアドバイスを行います。

この学習方法により、子どもに主体的な学習者としての自覚が育まれ、自己効力感や自己管理能力が向上するといわれています。

今から50年近く前に、愛知県東浦町立緒川小学校では、この自由進度学習を始めており、全国から注目されました。１人１台情報端末が整備された今、この自由進度学習が取り入れやすくなり、全国あちこちでこの自由進度学習がされるようになってきています。

2 「自由進度学習」の目的を明確にする

現在の状況を踏まえると、これからますます「自由進度学習」が広がってくる気配です。このことを否定するわけではありませんが、十分にその意義を理解して実践しないと、形だけの自由進度学習となってしまいますので要注意です。すでに「自由進度学習は教師が子どもに学習を丸投げして、自習させているだけだ」と厳しく批判している方もいます。そこで、以下に自由進度学習を進める上での留意点を示しておきます。

(1)自由進度学習の意義を子どもたちにしっかり伝える

これまでの一斉授業と違い、自分の興味や関心、学習の進み具合に応じて学習内容を選択したり、一人で学んだり、ペアやグループで学んだりできる形態をとる意味を子どもたちによく理解させた上で始めるべきです。上記の批判は、ひょっとしたら自由進度学習をしている学校の子どもが親に伝えたことなのかもしれません。

(2)必ず振り返りを入れて自分を見つめさせる

「意図的に経験し整理しなければならない」という言葉があります。取り組んだ後の振り返りがなければ成長はありません。すべてが自分の考えたようにはなりません。振り返りを通して、自分の選択がプラスになったのかどうか、取組内容はどうであったか、次回はどうしたらよりよくなるかなどの考える機会を繰り返すことが、真の自由進度学習を成立させるための重要条件です。

なお、自由進度学習は、5分間程度から始めるとよいでしょう。例えば、1人1台端末活用を意識すると、デジタルドリルがお勧めの一例です。自分で取り組むページを決めて行い、答え合わせも自分で行うことができるからです。教師側で各自の取組や理解の状況を把握しやすく、全体を捉えることも容易です。

☞ 4
主体的・対話的で深い学び

1　主体的・対話的で深い学びを促進するために

まず伝えておきたいことは、次期学習指導要領改訂に向けて検討された会議資料（今後の教育課程、学習指導及び学習評価等の在り方に関する有識者検討会(第 15 回)配付資料　令和６年９月 17 日）には、「主体的・対話的で深い学びは維持」との文言がありますから、次期においても引き継がれるでしょう。安心して今の取組を継続されるとよいと思います。

もっとも残念ながら「主体的・対話的で深い学び」の文言は「耳にした」程度の学校現場があるのは否定できません。いずれ管理職の姿勢が問われる事態になります。再度、「主体的・対話的で深い学び」のあり方について皆さんで学び合う機会を作られることをお勧めします。

その際に役立つのが１人１台情報端末活用です。例えば、学習の自己調整力を育むために「振り返り」はとても有効です。振り返りは子どもの主体性を育む上で欠かせません。

その振り返りの記録をアナログでするのとデジタルでするのでは、活用度や効果で大きな差が出てきます。熊本大学大学院特任教授の前田康裕先生は、実践を基に「**振り返りはほかの子どもたちと共有することで大きな意味を持つ**」と主張されています。ICT を活用すると、瞬時に全員の振り返りが共有できます。発表した子どもの振り返りだけではなく、ほかの子どもの振り返りからも気づきが得られ、多くの触発が生まれると言われます。振り返りをアナログで書いていたのでは、こうしたことはできません。振り返りはデジタルで書かせるとよいでしょう。初任教師からベテラン教師まで、子どもに振り返りをデジタルで書かせることはできることです。学校DXを進める上でも、とてもよい手段です。

2　対話を活性化するツール

主体的・対話的で深い学びを促進するツールは、多く出されています。汎用性のあるツールでも十分できますが、「ロイロノート」や「ミライシード」は対話を促進するツールとして多くの学校で採用されています。

ツール採用のポイントには、学年に関わらず、どの子どもも容易に自分の考えを入力できること、それらを教師だけではなく誰もが一覧できること、そして互いに評価（例　いいねボタン）ができることが挙げられます。こうしたことができるツールは他にもたくさんあると思います。

当たり前のことですが、ツールが子どもを育てるわけではありません。教師がどのような考えでそのツールを活用させるのかに尽きます。**ツールを活用する教育観がなければ、ツールの使い方を学ぶだけの時間になってしまう可能性は大です。**子どもたちが教師の考えを理解しているかどうかを確かめるために、ときには子どもに直接聞くとよいでしょう。「どういうねらいがあって、このツールをみんなで使っていると思う？」と聞いた時に、教師の思いを話す子どもがいれば、本質が伝わっていると自信をもってよいでしょう。

☞５
遠隔授業は工夫次第

１　授業のオンライン配信

新型コロナウイルス感染症の位置づけが、「５類感染症」となりましたが、コロナが去ったわけではありません。コロナやインフルエンザで欠席する子どもは、一定数いるのが学校です。コロナ禍でオンライン授業が実現したこともあって、やむを得ず欠席をしなくてはならない子どもの保護者からは、オンライン授業で子どもの学びを支えてほしいという要望があると聞きます。授業訪問をすると、教室後方から授業の様子を撮影するカメラが設置されていて、オンライン配信の日常化を感じることがあります。DX が日常化すると、こうした風景は当たり前になってきます。

２　中央教育審議会での審議から学ぶ

2024 年 11 月 28 日開催の中央教育審議会「義務教育の在り方ワーキンググループ」では、小・中学校での遠隔授業の促進などを求める審議のまとめを出しました。ここでその一部を紹介します。

「遠隔授業については、『遠隔教育の推進に向けた施策方針』（平成 30（2018）年９月 14 日遠隔教育の推進に向けたタスクフォース）を踏まえ、教育関係者の理解を深めるために、遠隔教育が効果を発揮しやすい場面や目的・活動例等を次のとおり類型化し、普及・啓発を行っている。各学校・教育委員会においては、これを参考に取組を進めるとともに、既に義務教育段階の学校の約8割が遠隔システムを活用した同時双方向型の教育を実施していることも踏まえつつ、過度に形にとらわれ過ぎない、それぞれの学校現場の創意工夫に基づいた柔軟な取組を進めていくことが求められる」

このように、学校にはさらに工夫をしながらの遠隔授業の促進を求めています。ちなみに遠隔授業の類型は次の三つを示しています。

⑴離れた教室をつなぐ「**合同授業型**」

⑵専門の指導者が遠隔で参加する「**教師支援型**」

⑶離れた場所から教師が授業する「**教科・科目充実型**」

特に教師の確保が難しい小規模校では、こうした方法を組み合わせて教育を充実することを求めました。また不登校児童・生徒の対応のための活用にも触れ、教育相談やオンデマンド型でのコンテンツ配信などの取組を進めるよう提案しています。

審議のまとめを見ると、学校DXの流れはますます勢いを増すと捉えるとよいでしょう。もちろん、そのための環境整備は重要です。

【参考文献】

・中央教育審議会初等中等教育分科会 個別最適な学びと協働的な学びの一体的な充実に向けた 学校教育の在り方に関する特別部会 義務教育の在り方ワーキンググループ「審議まとめ」2024年11月28日

☞６
家庭学習（反転学習）で自己調整力を育む

１　学校 DX で家庭学習は変わる

学校 DX の進行は、学校教育に様々な変化をもたらすことでしょう。その一つに「家庭学習」があります。

家庭学習に「反転学習」を取り入れているところでは、持ち帰った情報端末を活用して、明日の学習内容を前日に学ぶように指示がされています。例えば、小学校社会科であれば、明日の授業のために目を通しておくべきデジタル教科書のページ数と課題が示されていて、課題に対しての自分の考えをクラウド上の学級のページに入力するように指示されます。翌日の授業では、それを学級全体で確認して、事前学習をもとにした授業が展開されるのです。

算数や数学の授業においても、翌日の授業の教科書該当ページがクラウド上に表示されていて、その学習内容をあらかじめ家庭学習でつかんでくるように指示されます。教師が学習内容を説明する動画が用意されている場合もあります。授業では疑問点を出し合うことから始まります。

つまり、通常の授業では教師が新しい内容を教え、それを基に子どもが家庭で復習や課題に取り組むのに対して、反転学習では、子どもがあらかじめ自宅などで教材を使って内容を予習し、その予習を基に学校でディスカッションや演習、深い理解を促す学習活動を行います。このことから、「反転学習」と言われます。こうした学習は、1人1台情報端末があってこそできることだと言っても過言ではありません。

2　学びの連続化を可能とする学校DX

特に教師が指示しなくても、自分が必要だと思う学習を自主的に家庭でも行うことが理想です。個別最適な学びにおいては、「自ら学習を調整する」ことが大切です。自らを振り返り、自分がするべきこと、自分が行いたいことを自己決定して実行することが求められています。

このとき、1人1台情報端末は有効な道具となります。例えば、授業で作成しているレポートの続きを書いたり、図を描いてプレゼンの補足をしたりすることが、家庭でできるのです。また、学級の係活動（例：学級新聞の作成）などもクラウド上で仲間とすることができます。つまり、**家庭においても学校の学びの続き（学びの連続化）ができることは、学校DXの理想形の一つです。**

3　自己調整学習の促進が可能

上記で述べたことは理想過ぎると思う方がおられるでしょう。家庭学習は宿題というように、基礎・基本を確実に身につけさせるものでありたいと考える方もあるでしょう。家庭においてもデジタルドリルに取り組むことはできます。自己採点をして自らの理解度を家庭においても確かめることができます。ドリルによっては類題出力もされます。まさに自己調整学習を進めることが可能となります。

☞７
変わる教師の役割と新しいやりがい

１　教師の役割の変化

DX の進行は、教師の活動に様々な変化をもたらします。それは、豊富なデータを気軽に手に入れることができるからです。

教師はこれまで 3K（経験・勘・気合）に基づいて活動してきたといわれます。ある課題が生じたとします。その解決のための根拠とするのは、それまでの教師の 3K でした。言い換えれば、3K を働かせるしかなかったのです。

しかし、**DX が進むと優れた教師の経験や勘を言語化・可視化・定量化し、提示することができるようになります。**例えば、社会の授業名人といわれた故・有田和正氏の膨大な著作や講演記録、音声データを学習させた AI が登場するのも夢ではありません。

また、長年蓄積された一人の子どものデータの表示もされるようになります。客観的に判断できる情報が手元の端末で取得できるようになれば、自身の 3K にだけ頼ることなく、多角的・多面的な判断ができるようになるのです。

したがって教師の役割も変化することでしょう。子ども一人一人の状況を的確に判断し、よき指導者・支援者としての役割が増してきます。保護者へも 3K だけに頼ることなく、客観的なデータを提示しながら、適切な情報提供ができるようになります。教職経験の長短に関わらない良質な教育が自信をもってできる時代になるでしょう。

2　新しいやりがい

教員免許更新制小委員会が出した「令和の日本型学校教育を担う教師の学び（新たな姿の構想）」という文書には、次の記述があります。

「教師自身が、全教員に共通に求められる基本的な資質能力を超えて、新たな領域の専門性を身に付けるなど強みを伸ばすことが必要。こうした強みを伸ばすための学びは、一人一人の教師の個性に即した、いわば『個別最適化』された学びであることが必然的に求められる」

こうした教師の姿を現実化させるには、DX 化は欠かせません。さらに、次の記述もあります。

「高い学びのコンテンツが豊富に提供され、オンラインで小刻みな形で学ぶといったスタイルも含め、教師が負担なく選択し、受講できるようになっていることが求められる」

教師のこれまでの学びの形態（例　集合研修）だけではなく、いつでもどこでも学ぶことができる環境づくりが推奨されています。これには DX の進展が重要です。**「学び続ける教師」であることへの支援整備は、教師の仕事へのやりがいを連動して高めます。**このことは、自ら学び続けている教師が精力的に教育活動に取り組んでいる姿を目の当たりにしてきたことから、確信しています。

【参考文献】

・教員免許更新制小委員会「令和の日本型学校教育」を担う教師の学び（新たな姿の構想）」2020 年 5 月 24 日

4　DXで変わる日常

☞１

DXがもたらす新しい日常

1　DX前後で変わる教師の日常

学校DX前後で教師の日常は大きく変わることでしょう。机上の端末画面を見る行為だけでも変化があるはずです。

多くの学校では校務支援システムが導入され、端末画面を見るだけで、１日のスケジュールや教職員間の連絡等がわかり、それだけでも情報化の進展を体感しておられると思います。**学校DXが進むと、さらに端末に表示される情報は多くなります。**

例えば、子どもの情報も表示されます。その情報も学校ごとにカスタマイズでき、必要な情報を手に入れるまでの時間は、格段に違ってきます。

学年主任であれば、その日の学年の子どもたちの出席情報を知りたいのではないでしょうか。欠席が重なりつつある子どもがいれば、担任にどのような状況なのかを確認したいものです。これまでは、そうした情報は担任から直接聞くしかありませんでした。ある学年主任は、担任に給食が始まる前までに学年黒板に出欠情報を書いてほしいと依頼していました。忙しさのあまり、うっかりすることが多々あったようです。

学校DXが進むと、上記の状況は一変します。ユーザーの考えに応じた画面表示ができ、あるところまで（例：欠席が３日続く）

達したら、画面に子どもの名前と要注意マークを表示することは容易なことです。ここに示したことだけでも、学校 DX は教師の日常を変えることがよくわかっていただけると思います。

2　子どもの日常も変わる

当然ですが、学校 DX 前後で子どもの日常も変化します。あらためて考えてみると、子どもも学校生活の中でかなりの情報をもとに動き、判断しています。DX 前は、それらの情報はすべて教師側から口頭で伝えられたものがほとんどです。

例えば、「13 時から生活委員会があるので、生活委員の人は美術室に集合してください」といった連絡は、生活委員会担当から担任へ、そして子どもへ伝わる流れでした。学校 DX が進むと、担当から子どもの端末へ直接連絡をすることは容易です。子どもも口頭で聞く連絡ではなく、文字情報で伝わるわけですから集合場所をあらためて確認することも瞬時にできます。

学校 DX は、このように情報の流通形態を大きく変化させます。だからこそ子どもたちの情報活用能力を育むことが重要になってきます。

学校 DX は、子どもと教師の関わり方にも変化を生み出すことでしょう。学校経営上、チーム担任制をとるとよいという主張がありますが、それは子どもと学級担任だけの関係で閉じていることに問題があるからです。学校 DX は子どもが様々な教師とつながることができるようになります。自分が好きな担任を選ぶことができるという学びの多様化学校があります。ネットワークを活用すれば、そのような体制は容易に実現できます。学校 DX を自校の教育にどう生かすか、その視点が重要になってくることは間違いありません。

☞２
校長室のイノベーション

１　学校DXでも変えてはいけない校長室の位置づけ

なぜ校長室があるのかを考えたことがありますか。若い教師に聞くと、「お客様があるからだと思います」という返答がほとんどです。あるいは「校長は一番偉いので部屋が与えられていると思います」といった子どものような返答もあります。

来客対応であれば、校長室と言わず、応接室と言えばよいでしょう。私が最後に校長を務めた学校では、「校長室」と「応接室」は別の部屋になっていました。

先輩から聞いた話ですが、「校長には一人沈思黙考すべきことがある。ところが、職員室では物事をじっくり考えることができない。だから校長室という個室があるのだ」という理由でした。校長になってみて、この先輩の考えには深く納得しました。確かに一人静かに、心落ち着かせて冷静に考える時間は、校長にとっては必要です。雑然とした中での考えでは、あらゆる場面を想定できないのは確かです。

なぜこのようなことを示したかというと、**学校DXが進んでも校長室の位置づけは変えてはならない**と思うからです。ただし、変わるとよいと思うことは多々あります。それを次項で示します。

2　必要な情報が瞬時にわかる校長室

学校 DX で目指すべき校長室は、「**校長室にいても校内の様子や必要な情報が瞬時にわかる**」ことです。

校内の様子がわかるというフレーズからは、監視カメラを連想する方がおられるでしょう。そうであれば、校長は常にカメラ映像を見ていなければなりません。そんなことができるはずはありません。監視カメラ＋ AI の組み合わせによって、不審者の校内侵入など異常を感知すれば、警告が校長室をはじめ職員室、さらには教育委員会にも発せられるようになるのではないかと思っています。教師が教室から職員室へ連絡するための校内電話が完備されている学校があります。これも学校 DX が進化すると、もっと簡便に連絡できる手段が生まれるでしょう。根底にあるのは、学校安全の確保です。悲しいことですが、日本の治安は悪化の方向に進んでいます。**学校 DX によって、子どもたちの安全・安心が保証できるシステム開発等が進むことでしょう。**

必要な情報が瞬時に手に入れられる校長室も必須となると考えます。校内のあらゆる情報を閉じたデータベースに自動保存をしておけば、生成 AI に問いかける（音声入力）ことによって、必要な情報を整理して出してくれます。閉じたデータベースと記した意味は、個人情報保護の観点からです。校長には、正しい情報をもとに判断することがますます求められます。生成 AI が提示した情報に確信がもてなければ、ネット上に存在する優れた“管理職”に相談する時代が来るかもしれません。

夢のようなことが書かれてあると思われる方は、5 年待ってみてください。校長室で、上記のことがかなり実現しているはずです。

☞３
先生の働き方に幸福度をもたらす

１　真の働き方改革が進む学校 DX

働き方改革が叫ばれるようになって、先生の働き方が随分と変わってきました。業務そのものの必然性を考えたり、手順の単純化を求めたりする風潮が感じられるのは、とてもよいことです。

こうした中、**学校 DX は手順の単純化、共通化、統合化などを進める武器となります。**

手順が複雑で目的に達するまでに諦めてしまうこともあるでしょう。また、扱うデータの気密性が高く、神経をかなり使うこともあると思います。こうした作業がシステムによって単純化すると、かなりの時間短縮になります。

わかりやすい例の一つが、子どもの出欠席管理です。学校 DX が進んだ学校では、保護者が専用サイトに、子どもの氏名、欠席理由を入力すると、担任や養護教諭へメール等で連絡が届き、出欠簿にも自動転記がされるようになっています。電話受付、担任に連絡、出欠簿への記入、養護教諭が帳簿を集めて集約といった、現在の多くの学校において行われている手順とは比較にならないほど単純化しています。

こうしたことが積み重なると、タイトルに掲げた真の働き方改革が進むと思います。現在の働き方改革については、「『早く帰れ』だけ言われて、早く帰るための手立てや整備がされていない」と嘆いておられる方も少なくありません。その中で、ここで示したような環境を提供することで、学校DXへの理解も進むと思います。

2　学校DXは先生を幸せにするもの

毎日のように教員不足の報道がされています。危機的な状況であると言っても過言ではありません。こうした中、学校DXを進めることができるだろうかと懐疑的な方がいます。

あらためて**学校DXは何のために行うのかを教職員全体で考えてみる**ことをお勧めします。学校DXは先生方を苦しめるものではありません。働き方を楽にさせるもの、さらに言えば幸せにするものなのです。

そのために教職員が共通理解をしておくべきことがあります。システムは連動しているということです。例えば、デジタルデータだからこそ、そのデータを転送したり、加工したりすることが容易です。仮にある人から提供されるデータが紙であったらどうでしょう。そこでデータ連動のよさは失われ、システムが備えている機能が発揮されることはありません。学校DXを進めるには、全員の共通理解があることが必須なのです。

統合型校務支援システムを配備している学校で、システム活用が停滞している実態を聞くと、使用の是非を教員の判断に任せていることが多いのです。「あの先生には使ってくださいと言いにくくて……」という状態の学校では、残念ながら学校DXが進みません。私たち全員が幸せになるために、みんなで理解し合って取り組みましょうと呼びかけ、よい傾向が見えてきた段階で学校リーダーが価値づけするとよいでしょう。

☞４
学校力が高まる研究・研修へ

１　子どもの学びと教職員の学び（研修）は相似形

「子どもの学びと教職員の学び（研修）は相似形」であるべきだと言われるようになりました。下図は、独立行政法人教職員支援機構が提示している今後の方向性を示したものです。

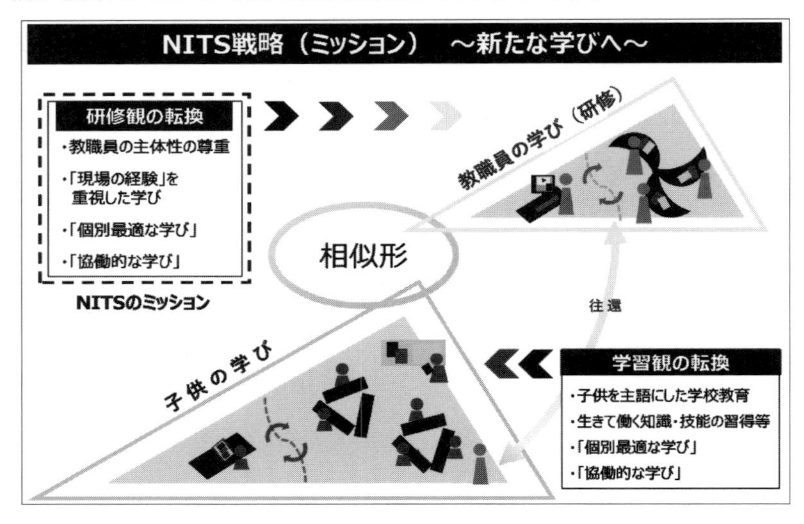

このことは、子どもの学びに「学習観の転換」が求められている中、教師においても「研修観の転換」が必要であることを表しています。子どもと教師がともに変わらなければ、個別最適な学びも協働的な学びも定着しないと言っても過言ではありません。

2　クラウド活用で、より協働的に学ぶ研修へ

すでに前項で示したことを受けて研修に取り組んでいる学校がいくつかあります。

例えば、研修を日常化するために、教職員の気づきや取組をチャットで交流している学校があります。授業での１人１台端末活用場面を写真とコメントで発信し合っている学校や、行事の進行状況を随時報告し合っている学校があります。**若手教員からベテラン教員まで年齢を問わず学び合える環境を構築することで、学校力が高まるのです。**

研究授業時には、授業を見ながらの気づきをその都度入力しておき、研究協議でその書き込みを元に振り返っている学校があります。また、協議の場で、４～６人でグループを組んで、あらかじめ示された授業観察観点についての考えを書き込みながら話し合っている学校もあります。

また、今日の授業観察や指導者からの助言を踏まえて、「自分化シート」と称した、これからの自己目標をクラウドに書き込み、共有化している学校もあります。

いずれにしても**デジタルでの蓄積は共有財産としやすく、いつでも閲覧できるよさがあります。**

上記の方法は、授業においても行うことは十分に可能であること、教師が体験的に学んでいると授業でも試みてみようと思う気持ちが高まることなどを称して、「子どもの学びと教職員の学び（研修）は相似形」と称して、推奨されているのです。

☞ 5

子どものつながり・かかわり

1　クラウドで変わる子どものつながり・かかわり

クラウドを活用すると、これまでの子どものつながり方やかかわり方を変えることができます。いつでも閲覧できるクラウド上に子どもに関する情報がありますし、子どもが作成したデータを閲覧することもできるからです。セキュリティ環境にもよりますが、**ちょっとした隙間時間にでも、子どもの状況をつかむことができます。**

その一例です。私が開発したアプリに「心の天気」があります。これは、子どもたちと教師のつながりを増すためのアプリと言っても過言ではありません。

実践校の子どもたちは、朝と帰りにアプリを立ち上げて、今の心の状態を「はれ・くもり・あめ・かみなり」の四つのうちから一つ選んでクリックします。また、一言を入力している場合もあります。教師は、それを見ることで、子どもたちの心境を容易につかむことができます。

天気で気持ちを表現

例えば、ずっと「はれ」が続いていた子どもが、ある日、「かみなり」を入力する場合があります。1回の「かみなり」をそれほど重要視することはありませんが、子どもは先生が天気を見ていることを知っていますから、何かを伝えたいのかもしれません。子どもとつながる機会にもなりますから、「何かあったの？」と声をかけたことで、子どもの悩みがわかったという事例がたくさんあります。

2　全教職員で子どもとかかわる機会

このアプリを学校全体で活用している事例を紹介します。

「心の天気」は、他の子どもは見ることができませんが、教師であれば、だれでも閲覧できるように設定できますので、校長が毎日、全校の「心の天気」を確認している学校があります。管理職として、できる限り一人一人の様子を捉えておきたいという思いを実現させているアプリとして活用されています。

ある子どもが3日続いて「あめ」を入力していることに気づいたときには、担任に「この子どもには声をかけていますか？」と確認するそうです。校長として教員へのかかわりも「心の天気」で生まれています。

担任から「声をかけていますが、家庭で何かあるようです」という報告があれば、今後のための助言ができます。状況に応じては、校長が直接子どもから話を聞くこともしているそうです。

このように情報端末とクラウドで、これまでできなかった子どもとのつながり・かかわりができるようになります。大切なことは、この**アプリ活用は、学校として実現したい教育を生み出すかどうかを判断すること**だと語った校長がいます。体験から生まれた重要な示唆です。

☞6
保護者とのつながり・かかわり

1　クラウドで変わる保護者とのつながり・かかわり

クラウド活用により、保護者とのつながり方・かかわり方も激変するでしょう。

私が校長であったときは、朝の職員室の電話は鳴りっぱなしでした。保護者からの欠席連絡が入るからです。800人近くの生徒がいたので、わずか２本しかない電話が鳴り続けることは当たり前です。いったん電話をとると、続けて電話をとることになりますから、朝の電話はとりたくないという教職員がいるのも頷けます。さらに欠席連絡は担任に伝えなくてはいけません。机上にメモを置くだけでも大変です。

しかし、保護者自身による専用サイト（クラウド活用）への書き込みで、欠席連絡ができるようにしたところ、電話連絡は必要なくなりました。保護者が、電話がつながらずイライラすることもなくなりました。学校側も担任や養護教諭が入力した情報を確認すればよいことになりました。さらに出欠席一覧や通知表へのデータ転送がされますから、使わない手はありません。

個人懇談会の日程調整にもGoogleフォームなどのクラウドを使っている学校があります。懇談希望日時を保護者が入力することで、学校が紙文書で希望日時を調査することが省けます。入力されたデータをもとに担任が日時を確定し、連絡をしている学校があります。このようにクラウド利用は、これまでの業務の方法を一変させます。

2　学校文書や学級通信のデジタル発信

保護者宛の学校文書数は、1年間ではかなりの数になります。子どもを通して渡しますから、確実に届いているという保証はありません。子どもの机の中や鞄の底に文書が眠っていることを目にすることも多々あります。

保護者が登録したアドレスへデジタル文書を配信することで、業務に関わる手間や時間は一気に削減されます。通信の印刷、学級ごとに配布、担任から子どもへの配布が一切なくなります。どれほど手間が省かれるかは容易に想像できると思います。

紙文書配布の場合、カラーで印刷することは経費がかさみますのでできませんでしたが、デジタル文書であれば、カラー写真もふんだんに取り入れられます。ビジュアル化は読み手の関心を高めることにもなります。

こうしたアイデアが生まれた当時は、すべての保護者が、デジタル受信ができるわけではないので避けるべきだという意見がありました。紙とデジタルを併用したために、かえって手間を増やしてしまったという笑えない事実もあります。今では否定する人はいないでしょう。デジタル社会の進化をこうしたことからも感じます。

こうした時代ですから、**通信の内容がより問われることになっていることを学校リーダーは自覚すべきです。**少数とはいえ、ネットで他校の学校通信を読んでいる保護者がいることも肝に銘じておくべきです。

5　教育DXの可能性とこれからの学校づくり・授業づくり

◆対談

［お相手］**下村　聡**（株式会社EDUCOM取締役CSO）

ここでは、教育システム開発会社（株式会社EDUCOM）で取締役CSOを務めておられる下村聡さんへインタビューしながら、「教育DXの可能性とこれからの学校や授業づくり」について、二人から提言していきたいと思います。

1　教育DXの可能性❶―何を学ぶか

玉置　下村さんは、日々、これからの教育システム像を考えておられますね。教育DXの可能性については、どう捉えておられますか。

下村　教育DXは、デジタルテクノロジーを活用しての教育改革ですから、私の立場からも大いに期待しています。可能性は、「何を学ぶか」「いかに学ぶか」、それを「どのように支えるか」という3

点から捉えるとよいと思っています。

玉置　なるほど。まずは、「何を学ぶか」についてですが、学習内容が教育 DX で大きく変わってくると考えておられるのですね。

下村　そうです。教科書に掲載されている固定化された学習内容だけでなく、自分が今取り組むとよい個別最適な内容を考えて、自ら学習を進めることが、教育 DX によって増えてくると思うのです。

玉置　確かに自由進度学習の形態をとっている授業を見ることが増えてきました。実は、私は自由進度学習については懐疑的でした。子どもたちが自分の目標や方法を決め、様々な形態で学ぶことは難しい。それを小学生に課すことは無理だと考えていたのです。ところが、京都北部の某小学校の自由進度学習の授業を見て驚きました。子どもたち一人一人が目標や方法を決め、協働的に学んでいたのです。今日は参観者がいるので子どもたちもそれなりにやっているのではないかと思い、数人の子どもにいきなりインタビューをしてみました。すればするほど、目的意識を強くもっていることがわかり、子どもたちの学びを心から応援したくなったのです。

下村　いい話ですね。私は、最終ゴールは幸せに生き続けるために必要な資質・能力を獲得することと考えています。教科はそのための手段であって教科の内容修得が学習目的ではありません。教師は大きなゴールのみを設定して、子どもたちがテクノロジーを活用することによって、より自由に学びたいことを見つけゴールに到達する、教師はそれを支援する、このようなイメージをもっているのです。こうした私の考えを具現化するのが、教育 DX だと思っています。

2　教育 DX の可能性❷―いかに学ぶか

玉置　教育 DX の重要性がよくわかりました。では、次に「いかに学ぶか」について意見交流をさせてください。まずは、下村さんの考えをお聞かせください。

下村　一斉授業と言われる固定化された学習方法から、個別最適な学習方法を選択する機会を意図的に作るべきだと思っています。一斉授業もグループ学習も個別学習もどれもよいし、誰に聞くのもよいといった方法が、教育DXでとりやすくなると思うのです。

玉置　先に述べた自由進度学習と合致する提案です。そのような方法を取ることが、なぜよいかと聞かれたら、どう答えられますか。

下村　一つは、子どもたちの多様化が広がっているからです。同学年であっても子どもたちの能力は様々です。先生方はそのことをよくわかっておられ、本来は一人一人に応じた教育を進めるのがよいと思いつつ、それができないもどかしさをもっておられると思うのです。

玉置　なるほど。教師の役割として、進め方や考え方の枠組みを提示することがより重要となってきますね。テクノロジーを活用することによって、子どもがこれまでより自分に合った学び方でゴールに到達することができるので、教師はそれを支援する役割を担うということですね。教育DXが進むと、教師像に大きな変化が生まれると考えておられますね。逆に変わろうとしない教師にとっては、これからの学校で働くことは厳しいと言えます。言い過ぎですか。

下村　玉置先生の心配はわかりますが、大丈夫です。教育DXが進み、教師が日常的にテクノロジーを使うようになれば、教師のあり方も変わってきます。教師の手元のPCに子どもたち一人一人の学習状況が表示され、AIによって子ども一人ずつに対しての今後の指導ポイントが表示されることも夢の世界ではありません。教師の役割は、自ずと子ども支援に重点が置かれるようになると思っています。

玉置　下村さんが開発されようとしている教育システムは、これを具現化するものなんですね。楽しみにしています。文部科学省初等中等教育局教育課程課長の武藤久慶さんは、GIGA 端末活用例を示しながら、学校は学びの保障をする観点が大切だと言っておられました。紹介された事例を見ると、なるほど！　と思うことが多々ありました。休校でなくても授業をいつも中継している学校、保健室登校の子どもに授業を中継している学校、外国籍の児童生徒が翻訳機能、読み上げ機能を使って授業を受けている学校、生徒数が少ない山間部の中学校で町の中学校と一緒に取り組む授業をしている学校、病気療養中の子どもに授業を中継している学校など、多くの事例が出されていました。まさに教育 DX の具体例です。教師は子どもの学びを支援するということが根底にありますね。GIGA スクール構想の冒頭には、「誰一人取り残すことなく」という文言が提示されています。それが教育 DX を進める本質ですね。

3　教育 DX の可能性❸—どのように支えるか

玉置　では、「どのように支えるか」で論議しましょう。まずは下村さんのお考えをお聞かせください。

下村　結論から言うと、教育 DX によって、固定化された評価から個別最適な評価へ転換されていくだろうと予想しています。子どもたちは多様化していますから、これまでのような一律の評価枠ではその子どもを真に捉えられないと思うのです。

玉置　大胆な予想ですね。評価の観点の見直しが必要だということですね。評価はその子どもをラベリングするものであってはいけません。子どもが自分のことをより知ることができる、それをもとに自ら伸びようとするようにするものです。だからこそ、一律の評価枠では、一人一人に応じた評価ではないということなんですね。

下村　そのとおりです。評価の観点は、資質・能力をベースとしたものであると捉え、具体的な観点を整理することから始めるとよいと思います。

玉置　文部科学省では、次期学習指導要領改訂に向けての話し合いでは進んでいますが、確かに評価のあり方については重要な議題となっています。「主体的に学習に取り組む態度」という観点そのものが適切ではなかったという意見もありますから、教育DXが観点を再考させることは十分に予想できます。

下村　観点が決まったら、その観点を子どもと共有することをしたいのです。子ども自身がどのような観点で教師が見ていてくれるかを知っていることが大切だと思います。教育DXが進めば、子どもにその都度、評価が返されますから、それを見れば、自分はどのような観点で見られているかを伝えなくてもわかってしまうとは思いますが……。

玉置　なるほど。確かに子どもが観点を意識することは大切ですね。その観点の評価を見て、自分を振り返ることができますから。例えば、評価がBだったとします。どのようなことがBなのかを知って意識して次に取り組むからこそ伸びるのですよね。教師にも管理職による評価制度がありますが、どのような観点で評価されているかがわからなければ、次への意欲はわきません。管理職はどこを見て評価を決めたのかを聞きたくもなりますね。子どもも同じだということです。教育DXが進めば、こうしたことがシステム的に容易にできますね。

下村　さらに子ども自身に評価の観点を選ばせることもあってもいいと思います。私のこういうところはどうでしょう？　と聞きたい子どもはいると思うのです。目的をもって学習に取り組んでいる子どもほどその気持ちは強いはずです。観点を自己設定することもシステム的には簡単です。これも教育DXが成せることです。

玉置 ここまで話を聞いてくると、いち早く教育DXが進展することを祈るばかりです。教育DXは、まさに子どものためのシステムであり、同時に保護者のためのシステムでもありますね。保護者に向けての情報提供は、現在はほとんどが通知表という紙で行われていますが、これもデジタルに変化してきますね。

下村 学校が保護者に向けて情報を提供する時代でなくなるかもしれません。保護者が自分の子どもの状況を見ることができるサイトが用意されていて、保護者が必要なときに見ることができるサイトを用意することは今でも可能です。

玉置 学校が大きく変わる兆しが見えてきました。今まで誰も経験してこなかった世界が広がるわけですから、変化を前向きに捉え、取り組んでみることですね。

下村 はい、その通りです。私の立場からは、先生方に新システムに抵抗感をもたれないように開発をしたいと思っています。多くの先生方は本質を捉えていれば受け入れていただけるものだとも信じています。

玉置 大いに期待しています。今日はありがとうございました。

● PROFILE

しもむら・さとし 京都大学を卒業後、ベネッセコーポレーションに勤務。同ニューメディア研究所においてマサチューセッツ工科大学メディア研究所からの支援を受け教育用ソフトウェアを開発。その後、約10年間米国にて教育用ソフトウェアの開発、経営コンサルティング等に従事する。帰国後は学校経営コンサルタントとして多数の私学の教育改革・学校評価等のプロジェクト、文部科学省の調査研究などを担当した後、現在、株式会社EDUCOMにおいてCSO（最高戦略責任者）として次世代の学校支援システムの開発等に従事する。

第２章

●

ここから始める学校DX

1　まずは校務から始めよう

☞ 1

DX で校務へのマインドセットを

DX で働き方を変える着想

1　校務のあり方そのものを変える気持ちをもつ

校務の DX 化をどれほど進めようとしても、壁となるのは、教職員の仕事観だと予想できます。古い話で恐縮ですが、通知表の所見を手書きからデジタルに変更しようと提案したときです。「デジタルでは所見の温かみがなくなる」という指摘がありました。このような人の感覚を起点とした指摘には、なかなか反論できません。「お気持はわかりますが、手書きからデジタルにすることで、所見書きの時間がかなり短縮できます。温かみが伝わる文章を心掛けることを忘れず、デジタル化にしましょう」と説得したことがあります。

この事例のように、その人の心情からこれまでの方法でよいという意見は多く出てくることでしょう。校務 DX を進めるには、「現状において無駄はないか」「従来の方法がよいと思い込んでいないか」「すでに蓄積されたデータを活用することはできないか」「紙でなければいけないか」などの視点から業務を見直す機会を作ることが重要です。

業務改善は自らの意思が働くと進み始めます。他からやらされているという感覚をもっている間は、表面的な取組だけに終わってしまうことが多々あります。

2　校務DXで「個別最適な働き方改革」を推進する

「働き方改革が進まないのです」という声が聞こえてくる学校では、「働き甲斐がなくなった」という教員が少なからず存在します。働き方改革を時間短縮することだと捉えているからです。

明日の業務のために何としてもやっておかなければいけない事柄、子どもたちのために準備しておかなければならない事柄などが、その日になって生じるのが教員の仕事です。その日が定時退校日であれば、事由に関わらず一律に職員室を出なければいけません。「そのことで気持ちが萎えてしまうのです」という声が、ベテランからも若手教師からも聞かれます。

こうしたことを少しでも減らすためには、「**個別最適な働き方改革**」を進めることです。これは「個別最適な学び」をもとに作った私の造語ですが、子どもたちのメタ認知力を高め、自ら学ぶ力を育もうとしているのですから、**教師のメタ認知力を高め、自ら適切な働き方改革を進めようとする意志を育む**ことが、真の働き方改革を進めることにつながると思うのです。

このような意思（マインド）を多くの教職員がもつようになると、校務DXもその学校の実態に合わせた「個別最適な働き方改革」に通じるデータ共有のあり方、処理から共有化の方法などのアイデアが出てきます。

アイデアが生まれた時に、気軽に書き込める「校務DXチャットルーム」などを作ることも、改革を推進させる手立ての一つです。教職員のアイデアは貴重です。体験に基づいた上でのアイデアですから、それが実現できたときの全体効果は少なからずあります。学校現場だからこそのアイデアが出てくるはずです。

☞2
ペーパーレスは常識
朝の業務と会議・打合せ

1　朝の打ち合わせ廃止は常識化

教職員の業務の効率化を図りたいと考え、教職員の机上にPCを置いて、それを有線LANで結ぶことから始めたシステム開発は、25年ほど前になります。当然ですが、そのころは校務支援システムという言葉もありませんでした。

3年ほどかけて、ある業者と共同開発をしたのですが、職員室に様々な変化を生みました。その一つは「朝の打ち合わせ廃止」です。システムを立ち上げると、教職員間での連絡事項を一覧することができます。今まで行っていた朝の打ち合わせはほとんど連絡事項ばかりであること、つまり**読めばわかることを時間をかけて伝達していたことが、システム導入によって鮮明となりました。**そこで朝の打ち合わせは最小限にしました。今では、校務支援システムが全国の学校にかなり行きわたっていますので、ネットワークを使って打ち合わせ業務を行っている学校も多いと思います。その後、職員室から子どもに連絡したい事項は、教室の大型ディスプレイに表示されるようにシステムを加えてもらいました。今の状況で言えば、学校DXというほどのことではありませんが、業務を軽減・削減することは、DX化の大切な視点であることを体感しました。

2　職員会議はペーパーレス化

学校 DX によって、職員会議の開催や方法も大きく変わってきています。

職員会議の要項を紙で配布している学校は、ほとんどなくなってきているでしょう。未だにそのような状況である学校は、時代遅れと言われてもしかたありません。開催回数もかなり減少してきています。「朝の打ち合わせ」と同様に伝達事項はデジタル文書で伝え、協議すべき事項のみ会議で話し合うことで、かなりの時間短縮ができます。

昨年度の職員会議の要項もクラウドに格納された資料フォルダから確認できますし、ダウンロードができます。新たに担当になった者は、昨年度の要項を変更する提案をすることが基本となっていますので、アナログ時代と比較すると格段の時間短縮ができています。

もっとも職員会議事項は事前に運営会議等で審議されてから提案されることが多く、その段階で全教職員に提案事項を知らせている学校もあります。審議の経過をきっちり知らせることで、全教職員が自分事として捉えてほしいという願いもあってのことです。

学校 DX 前には、こうしたことを実現しようとしても、とてもできませんでした。**共有化が容易にできることによって、発想が広がり、これまでの学校業務のあり方に変化を生んでいます。**学校 DX は、これまでの学校の当たり前を見直し、よりよい形に変容させる要素を多くもっていることを認識するとよいでしょう。

学校 DX は与えられるものではなく、創り出すものだという感覚は、ここで示した事例からもわかっていただけると思います。まずは発想を広げて取り組んでみることです。

☞３
学校行事の企画・運営に新しいPDCA

１　学校DXを学校行事で活かす

様々な学校行事がありますが、その随所で学校DXは変革を生みます。

例えば、修学旅行のしおりを一変させた学校があります。子どもは情報端末を持っていますので、修学旅行のしおりをデジタルにしたそうです。それまでは紙のしおりで、教師が印刷して綴じていたものです。デジタルデータをクラウド上に置くことで、**子どもが自分の端末にしおりデータをダウンロードすることで、しおりの配布が完了します。**

修学旅行先では班活動をしますので、その活動に応じたデータ（例：訪問先、交通機関、費用）を各自で入力すると、自分のためのしおりになります。訪問先で、端末で写真を撮り、修学旅行の振り返りページなどに、その写真と感想を入力すると、ますますオリジナル性が高いしおりとなります。これまでの紙のしおりでは到底できないことが、学校DXで可能となります。

子どもが主体となった運動会や体育大会も行われるようになってきました。ここでも学校DXは大いに役立ちます。

例えば、運営では、子どもたちが学年・学級枠ではなく、新たなチーム（例：委員会、部活動）が担当することがありますが、そうした際の教師からの指示、チームリーダーの指示は、チャットを利用することで容易にできます。むしろ、こうしたツールを使わないと短時間で伝達することはできません。会議を開いても全員が集まることができない場合もあります。そうしたときにチャットに記録されていれば、伝達漏れはかなり防ぐことができます。

2　次年度に活かす振り返りとするために

学校行事を終えると、教職員の気づきや意見等を集約し、次年度に活かそうとする学校は多いことと思います。この際にもデジタル化は外せません。**教職員が各自の端末からクラウドに入力することで、苦労することなく意見の集約ができます。**生成AIを活用すれば、分析があっという間にでき、次年度へ活かすべき事項もAIが瞬時に表示してくれます。

次年度では、生成AIに昨年度の振り返りを読みこませた上で、新たな計画案を付加すると、昨年の意見を受けた計画になっているか判断してくれるはずです。もちろん鵜呑みは厳禁です。出てきた内容を精査するのは人間です。

保護者向けの行事案内も、生成AIに提示事項を羅列して入力するだけで、ある程度の文書は作成してくれます。それをもとに文書内容を精査すればよいのです。文書作成において短縮できる時間は想像を超えると思います。

学校通信で行事の内容を伝える際にも、生成AIは大いに活用できることでしょう。例えば、本来ならば生徒が活動している写真を掲載したいところですが、個人情報保護の点で、写真を生成AIでイラスト化して掲載することも考えられます。こうしたことも学校DXならではの取組です。

☞ 4
事務処理の効率化はアイデア次第

1　事務処理時間こそ短縮できる学校 DX

教育行政からの各種調査は年々減りつつあります。管理職時代、調査回答だけでかなり時間を費やしましたから、とてもよい傾向だと思っています。しかし、改善の余地はまだまだあるはずです。学校 DX の視点から言えば、**調査方法を変更するだけで、回答時間短縮が図られ、さらに集約する側も楽になる**と思います。

例えば、実現の可能性は低いアイデアですが、各学校が共通クラウド上にアップしたデータから必要なデータのみを取得することができれば、行政がわざわざ調査する必要はありません。学校も回答で時間はとられません。わかりやすく表現すると、学校側は調査依頼を踏まえたデータをアップしておけば、行政側が必要なデータだけを取得していくという仕組みです。とてもよい発想だと思っています。どこかで試みていただけることを願っています。

これと同様な発想で、通知表の形式も変えることができます。現在の通知表は、一般的には担任から子どもへ手渡しがされていますが、これをクラウド上で行うのです。

つまり、クラウド上にそれぞれの子どものテスト結果やパフォーマンステストの動画、作品写真などがアップされており、保護者はそこへアクセスして閲覧することで、自分の子どもの状況を知るというシステムです。学校が通知表を発行するのではなく、保護者が子どもの情報を取得するために動く形にするのです。これが実現すれば、担任から通知表作成業務を無くすことができます。荒唐無稽なアイデアと思われるかもしれませんが、こうして提言しておくと、どこかで実現してしまう世の中になってきていると思っています。

2　「誠意はスピード」を肝に銘じる

あらためて伝えておきたいことがあります。どれほど学校 DX が進んでも、人が何ら対応しなくてもよくなることはありません。事務処理を進めるためには、人が介することを避けることはできません。例えば、回答が自動的に入力されたとしましょう。しかし、この回答でよいかどうかを判断するのは、人となります。

具体的に示しておきます。例えば、事務職員から次の返答を求められたとしましょう。

「調整手当を確定するためのデータを私が作成しました。これでよいでしょうか」

という依頼があったとします。ここですぐに返答するかどうかで事務職員の次の仕事へ影響を及ぼすことを知っておくべきです。ましてや回答をうっかりしていて、催促をされるようなことがあれば、事務職員ができるだけ手間をかけないように動いてくれた行為を無にすることになってしまいます。そういう姿を多く目にしてきました。そこで作ったのが「**誠意はスピード**」という言葉です。

学校 DX を支え進化させるのは、人であり、**その人の動きによってシステムが稼働するかどうかが左右されることを肝に銘じておくべきです。**

☞５
様変わりする校内研修

１　研究授業を見ながら気づきを入力

校内研修の方法も学校DXの進展により、多様となってきました。ある学校では、研究授業中に参観者がクラウド上のフォームに端末から気づきを入力し、授業検討会ではそれらをグループになって互いに読み合いながら話し合うことがされています。また、全体発表の場では、書き込まれた気づきを大型ディスプレイで表示して、説明することもしています。授業提案者にとっては、全教員からの感想を受け取ることができ、協議結果もデジタル記録として残るので、貴重な財産が手に入る点でも、学校DXの価値を実感することでしょう。

指導助言の立場で学校を訪問する私は、ブログカメラを持参して授業を参観します。研究協議会や講演で話題としたいと思う授業場面を動画撮影します。授業終了後、すぐに動画の整理（動画選びとタイトル付け）を30分間ほどで行い、動画をもとに授業改善の助言をしています。これも学校DXの一つと言ってよいと思います。

２　公開研究会・研修会におけるDX

外部からの参加者を求めての公開研究会・研修会の形態も多様と

なってきています。参加申し込みは、かつてはファックスが主流でしたが、今はフォームへの入力が主となりました。ファックス情報は、参加者名簿を作成するのに、あらためて情報入力をしなければなりません。フォーム入力はデジタル情報を取得するわけですから、そのような手間はいりません。フォーム入力と同時に相手に受付完了連絡も送信できることも、従来の方法と比べ物にならないほど手間いらずです。

著名な研究者などが研修会で講演する場合は、その講演のみをオンラインで公開する学校もあります。「学校へ足を運ぶことができないが、ぜひとも講演を聞きたい」という要望があってのことだと思います。

教育センター等が主催する広域からの参加者を想定する研修会では、対面とオンラインのハイブリット形式がとられるようにもなりました。例えば、県教育センターで行う悉皆研修では、県内各地からの参加者があります。悉皆である以上、旅費の確保が必要です。オンラインであれば、旅費支給は必要ありません。センターと学校を往復する時間もいりません。コロナ禍でオンライン研修が普及したこともあって、全員参集型の研究会・研修会の運営が大きく変化してきています。

指導案や資料集などをデジタルで提供している学校も増えてきました。校内研修会では、紙での資料配付はなく、各自がクラウド上の情報を取得して、授業参観や授業検討会に参加することが当たり前の学校があります。印刷配布の手間がかからず、直前でも資料修正ができるので、重宝される理由はよくわかります。**学校DXの普及ポイントは、これまでと比較していかに便利であるかということを体感させるかどうかです**ので、まさに理にかなっているわけです。

☞６
発信力でつなげる保護者・地域との関係

1　学校ホームページで発信

私が新任校長になったときに、教育長から言われた言葉が忘れられません。「保護者はネットで校長比べをしている。ホームページでの情報発信を重要視すべきだよ」と言われたのです。当時、藤原和博さん（リクルートから転職した民間校長）や蔭山英男さん（百マス計算で有名となり、一気の栄進で校長）が、学校ホームページで日々何らかの発信をしていました。例えば、学校改善事例や日々の校長業務から考える教育改革などがあり、新任校長としてはとても刺激的な内容でした。教育長は、保護者はそれを見て、自分の子どもの校長と比較していると言われたのです。

学校ホームページが注目され始めた時期です。確かにこれまでにない保護者とつながるツールとなると考え、さっそく学校ホームページの毎日更新を始めました。「校庭の花壇に花が咲き始めました」「入学式の準備が終わりました」といった学校の日常を伝える記事がほとんどですが、あるPTA役員は、「玉置校長になってから、学校のことがよくわかるようになった」と言われました。大した記事ではありませんが、**保護者は、学校の日常の一部でも知ることができることを好意的に捉えてくれる**のだと実感しました。

今では学校ホームページがあるのは当たり前ですが、更新がほとんどされていない学校があることを心配しています。ホームページ更新はとても簡単にできるようになっているはずです。それなのに**数か月も更新がされていないのは、外部に学校が動いていないと知らせていると言っても過言ではありません。**システムだけ整えても学校 DX が進まない理由はここにあります。運営側が本質に気づいていないのです。学校ホームページを開設している以上、更新は広報の視点から当たり前なのです。

2　地域との連携を強化する

　地域連携においても学校 DX は効果的です。例えば、学校評議員や PTA 役員への連絡は、メール活用が常識です。かつての文書連絡と比較すると、かなりの時間短縮ができています。

　学校評議員会や PTA 会議の内容をホームページで発信することで、閉鎖的であった会議を外に開くことができます。「学校評議員会の内容をホームページで見るでしょうか？」と否定的に考える方がありますが、見ようが見まいが、**情報を公開していることに価値があると捉えるべきです。**

　学校ホームページに関するエピソードは数多くあります。学校ホームページに「深夜に教室の窓ガラスが割られました。消火器をまかれました。朝から掃除が大変でした」と発信したことがあります。私は、こうしたマイナス情報も発信すべきだと思っています。掃除をした子どもたちは、家でその話をするに違いありません。学校ホームページでネガティブなことにも触れているからこそ、ホームページへの信頼性が高まると考えるからです。この記事を見た区長さんから「教育委員会からガラス代は出るのか？」という心配しての電話がありました。発信による地域とのつながりを感じたエピソードです。

☞７
学校経営のチェックとアクション

１　校長としてチェックポイントを決める

学校経営の状況把握は、教育計画の進行状況を時々つかむことが大切です。その際に、できるだけ時間が掛からず、妥当性がある方法を取りたいものです。

その一役を担うのに、ダッシュボードがあります（p.14 参照）。ダッシュボードは、車のダッシュボードと同じと考えるとよいでしょう。つまり、学校の状況を示すデータが、手元の端末に一元化されていて、様々なデータを見ることができるようになっています。文部科学省はできるだけ早く学校に導入し、主に管理職が経験と勘だけを頼りにして学校運営をする状況をワンランクアップしたいと考えています。

すでにダッシュボードを導入している管理職へのヒアリングでは、情報が多すぎると、かえって活用できないという声がありました。納得できる回答でした。注意が散漫になるということであれば、データに基準を設けておき、そこに達したらアラームが表示されるなどの機能を加える手立てがありますが、システムアップはできない状況とのことでした。もちろん、だからダッシュボードは使えないということを伝えたいわけではありません。情報というものは、それを活用しようとする側の捉え方次第だと思います。

ヒアリングをもとにすると、**チェックポイントを一つか二つに決めて、それを定期的、あるいは日常的に活用すること**だと思います。

2　ダッシュボード情報から教職員とつながった校長

「1　校長としてチェックポイントを決める」の実例を紹介します。

中学校長から聞いた話です。ダッシュボードに表示されたある学級の定期テストの平均点と生徒指導主事からの報告一覧を見ていて、相関がありそうだと思ったとのことです。定期テストの平均点が低下傾向にある学級は、生徒指導主事からの報告事例が多くなるように感じて、さっそく生徒指導主事から詳しい事情を聞いてみたそうです。「やはり定期テストの平均点にも表れているのですね。学級崩壊とまでは言いませんが、あの学級は子どもたち同士のつながりが薄く、学級全体で何かを達成しようという空気を感じないのです」という見解だったそうです。

校長として学級の様子を見ることには努めていたと言いますが、生徒指導主事から直接聞くまでは、そこまで感じていなかったといいます。このことから、その学級担任に学級の様子を聞いてみたそうです。「今年の学級はなかなか思うようにいかなくてすみません」という言葉から始まり、苦しんでいることを初めて明かしてくれたとのことでした。校長として気づかなかったことを詫び、学級経営について話し合う機会を設けることができたとのことでした。

学校DXが進み、情報の取得方法も、情報量も大きく変化していきます。情報が多ければ多いほどよいというわけではありません。紹介した校長のように、**手に入る情報をもとに、教職員とのつながりを持ったことに大いに価値があると捉えています**。

2　校務DXの取組例

☞１

文部科学省作成「校務DXチェックリスト」から

事例紹介の始めは、2024年９月に文部科学省が作成した「GIGAスクール構想の下での校務DXチェックリスト」（学校向け）です。チェックリストの概要を記しますので、自校の校務DXの進展状況を冷静に把握してください。今後の取り組む方針が定まります。

1　校務DXを大きく３つに分類

文部科学省は、校務DXを大きく三つに分けています。

・教職員と保護者間の連絡のデジタル化
・教職員と児童生徒間の連絡等のデジタル化
・学校内の連絡のデジタル化

「教職員と保護者間の連絡のデジタル化」の目的は、保護者の満足度を向上させ、教職員の働き方改革を推進することです。例えば、保護者が子どもの欠席・遅刻・早退を連絡しようとしたとき、これまでは電話連絡が第一の手段でした。電話は掛ける方も受け取る方も時間の制約を受けます。tetoru（保護者連絡ツール）などを活用して連絡を受け付けることで、時間制限が一切なくなります。

「教職員と児童生徒間の連絡等のデジタル化」の目的は、子どもへの各種連絡や宿題・家庭学習・課題の作成・採点のデジタル化等を進め、教職員の負担を軽減させることです。

私の学級担任時代を思い出すと、連絡すべき事柄が多すぎて連絡を忘れることが何度もありました。明日必ず持参しないと困ることを伝え忘れた時には、一軒ずつ電話をしたこともありました。デジタル連絡ができれば、うっかりしたときも十分に対応ができます。

「学校内の連絡のデジタル化」の目的には、教職員の負担軽減、業務の質の向上、研修効果向上、授業改善、柔軟な働き方など、様々なものがあります。例えば、クラウド上に共有ドライブがあれば、印刷・配布・ファイリングが不要になります。この３点がなくなるだけでも負担軽減になります。

2　校務 DX は学校経営論

校務 DX を推進するための統合型校務支援システムの導入が進んでいます。2024 年３月に文部科学省が発表した普及率では 90％を超えています。

この普及率であれば、どこの学校も先に示した三つのデジタル化が進んでいると思われますが、実際はそうではありません。同じシステムが入っているのに、校務 DX 化には大きな格差があります。システムを活用すれば校務 DX がもっと進むのに、使われていない状況があるのです。

その要因は自治体や学校の状況にもよりますが、総じていうと、管理職が学校経営を向上させるための道具として校務支援システムを認識していないことにあります。朝、保護者からの電話連絡対応で雑然としている職員室を解消しようと思えば、管理職が「保護者からの連絡はクラウド活用によって行う」と決めることです。こうした決断は、一般教諭からはできません。校務 DX は学校経営論と言われる所以です。

☞2
教職員と保護者間の連絡のデジタル化

教職員と保護者間の連絡のデジタル化の事例は多くあります。それだけニーズが高いと言えるでしょう。いくつかの事例を簡単に紹介します。

○子どもの欠席・遅刻・早退連絡

クラウドを活用して、保護者が都合のよい時間に連絡を入力します。学校も時間があるときにその情報を見て把握します。また、入力情報が自動的に出欠簿に転送されるようにしている事例もあります。

○業務時間外の保護者からの問い合わせや連絡事項

自治体によっては、学校が電話を受け付ける時間を決め、時間外となると翌日の受付を案内するところがあります。働き方改革推進のための好例です。しかし、保護者にとっては、決められた時間内に連絡できず不満が生じることが考えられます。それを防ぐために、スマホ等から随時受け付け、教職員が業務時間となったときに確認・対応できる体制を整えているところがあります。

○学校から保護者へ発信する文書・配布物等

学校から保護者へ配布する文書数はかなりの数になります。説明責任を問われる時代になりましたから、さらに多くなってきているように思います。私が管理職をしていた学校は、保護者の実数は600近くありましたから、行事の案内状を印刷・配布するだけでも相当な時間がかかります。各学級に保護者数分の文書を配布するだけでもかなりの手間がかかります。クラウド上に文書を格納し、保護者がスマホ等で都合の良いタイミングで読むことができるようにするだけで、大変さは一気に解消します。文書の紛失、子どもへの渡し忘れもなくなり、保護者の満足度も向上します。

○保護者から学校への提出資料

保護者から学校へ提出を求める文書も年間を通してかなりあります。例えば、家庭環境調査票、個人懇談希望調査、健康診断結果をもとにした保健調査票など、学校から紙で配布し、保護者記入後に回収している文書がかなりあることに気づかれるでしょう。

そのためC4th Home & Schoolなどのクラウドツールを活用し、各種提出資料の作成・回収をデジタル化している自治体や学校があります。ただ、こうしたことに否定的な教職員は必ずいます。すべての保護者に依頼できるのかといった心配をする教職員がいますが、実際にクラウドツールを利用すると、元には戻れないと言います。対応不可能な保護者には、その保護者に合わせた調査・回収を考えればよいのです。

○保護者との日程調整

保護者面談、三者面談、家庭訪問等の日程調整は、クラウドツールのGoogleフォームなどを活用して行っている学校があります。文書や電話での連絡は、教員・保護者双方にかなりの負担を生じさせます。電話をしても通じないことだけでもストレスを感じるものです。

○学校徴収金

学校が直接お金を集めることはほとんどなくなりました。口座振替やインターネットバンキング等を通じて各種徴収金の徴収をデジタル化している例が多くあります。これも学校DXの好事例の一つです。

☞３
教職員と子ども間の連絡等のデジタル化

教職員と子ども間の連絡等のデジタル化事例も多くあります。いくつかの事例を簡単に紹介します。

○子どもへの各種連絡

統合型校務支援システムを活用して、教職員から子どもへ効率的に連絡をしている事例です。

子どもへ連絡したい事項を校務支援システムへ入力します。この段階では教職員がその連絡を見ることになります。「子どもへ連絡発信」というボタンを押すことで、その内容が子どもの情報端末に転送されるようになっています。短時間に必要な情報を子どもたちに確実に届けることができるようになっています。

「打合せで教職員が口頭連絡、メモ、担任が子どもへ口頭連絡する」とした従来の方法を想起していただくと、こうした校務DX化のよさがよくわかっていただけると思います。

○子どもへの調査・アンケート等

調査・アンケートと記すと、頻度は少ないと思われるでしょう。例えば、毎日欠かさずしなければならない健康観察も調査の一つです。こう考えると、年間を通して結構な数の調査・アンケートがあるはずです。できるものをすべてクラウド上に移行することで、教員の業務負担の軽減を大きく図ることができます。デジタルデータであれば、担任だけではなく、教頭や養護教諭など他の立場の者が活用することも容易です。

私が開発依頼をしたアプリで、文部科学省「COCOLOプラン」で紹介された「心の天気」があります。「心の天気」は、子どもたちが、情報端末から、その日そのときの「気持ち」を天気に例え、「晴れ」「くもり」「雨」「雷」などのイラストを選んで入力するものです。これもクラウドを活用した調査の一例です。

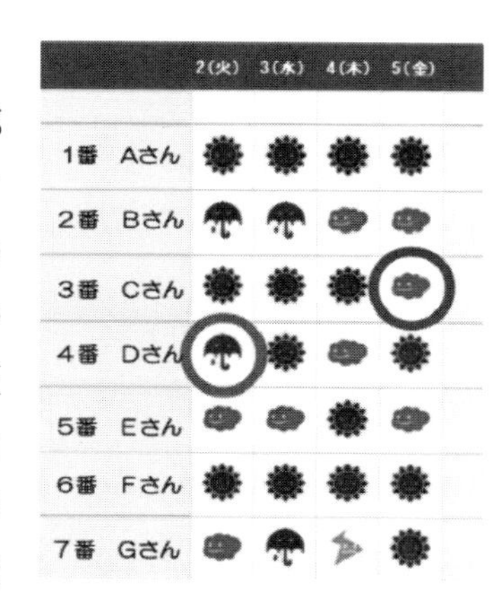

○授業中の小テスト

授業中の小テストなどにCBTを取り入れる学校が増えてきました。CBTとは、「Computer Based Testing」の略で、コンピューターを使った試験方式です。

問題提示・回収・採点・集計がクラウドでできますので、教師の負担はかなり減ります。採点結果も即時に表示されますので、授業中のテストであれば、その状況に応じた指導の追加が授業中にできます。子どもたちもすぐに自分の理解状況がわかりますから、その結果をもとに自ら学習を調整することも可能となります。

○宿題提示・回収

日々や長期休暇中における子どもへの宿題提示や回収がクラウドを活用すると、容易にできます。かつては夏休み前になると、子どもに渡す課題印刷だけでもかなりの時間がかかりました。解答も印刷して配布していましたので、夏休み前には子どもたちは相当な量のプリントを家庭に持ち帰る状況でした。無駄なプリント配布をしているという理由から、宿題の是非を問う方があります。クラウドを活用すると、少なくともこの指摘には対応できます。

☞４
学校内の連絡のデジタル化

学校内の連絡をデジタル化する事例も多くあります。いくつかの事例を簡単に紹介します。

〇職員会議等の資料・検討事項の連絡

クラウド上で資料を配布・保存することで、ペーパーレス化を図っています。印刷・帳合・配布の手間や各自がファイリングすることが不要になります。また、必要なときにいつでも資料を参照でき、教職員の負担軽減が図れ、業務の質を向上させている事例があります。

資料保存完了を知らせた機会に、「次回の職員会議では資料〇ページの議題を検討しますので、あらかじめ考えておいてください」などと事前連絡をすることも可能となります。

〇職員会議等のハイブリッド開催

最近は非常勤講師やスクールカウンセラーなど、多様な勤務形態の教職員が増えています。職員会議で一堂に会することはなかなか難しい状況です。そのためハイブリッド（対面とオンライン）形式で会議を開催する方法をとっている学校があります。後日、録画でそのときの協議事項や予定などを把握することが可能となることから、会議欠席者に教職員の一員としての意識を高めることにも有効であるといいます。

〇教職員間の情報共有や連絡

教職員専用のチャットを立ち上げ、隙間時間を含む各自の都合のよいタイミング（非同期）で、授業中などで得られたちょっとした情報を発信したり、意見交換をしたりしている学校があります。

例えば、次のような発信です。「2年生国語授業の報告です。文章を推敲する課題をclassroomで配布し、自動採点させて返却しました」。これを受けて、「採点精度はどうでしたか？」といったやりとりがあり、全教職員がそれを見ることで、端末活用への意識づけに効果的だったという報告があります。チャットは、わざわざ発言するほどでもないが、全員に伝えてもいいなと思う情報が発信できるよさがあります。教職員間で気軽にコミュニケーションができる職場は、心理的安全性も高く、同僚性も高くなるように思います。

○教職員が提出する事務手続き資料等のデジタル化

年間を通して、教職員が提出すべき文書はかなりあります。その文書自体の削減が図られていますが、廃止することができない文書も多数あります。それらの文書をデジタル化して、クラウド上に格納し、ペーパーレス化している学校があります。クラウド上で事務処理ができることから、その文書を集約して加工することが効率的にでき、働き方改革の始めの一歩として、取り組んでいるようです。

○校務における生成AIの活用

教職員が適切に生成AIを活用し、長時間かかっていた作業（教材やテスト問題、校外学習等の行程作成、研修資料、保護者向けお知らせ文書のたたき台）を効率化している学校があります。文部科学省は、2024年12月26日に「初等中等教育段階における生成AIの利活用に関するガイドライン（Ver.2.0）」を公表しました。生成AIの概要、基本的な考え方を示した上で、学校現場において押さえておくべきポイントを示しましたので、ますます活用が広がると思います。

Column

ある校長の一日

いま校長室で起こっていること

「校長職は孤独だ。孤独だが孤立してはいけない」

これは肝に銘じている言葉です。孤立してしまうと、教職員から大切な情報が入ってくることが少なくなり、いわば「裸の王様」になってしまうことになりかねません。

そこで、教職員からいろいろと情報を聞こうとするのですが、どの教職員も忙しく動いているので、ちょっとしたことをわざわざ聞くことに躊躇するときがありました。

情報担当からは「校務DXの進化で便利になりますよ」と言われていたのですが、その便利さを体感することができました。これまでは、コミュニケーションをするには対面でしたが、チャットでけっこうな頻度で十分なコミュニケーションがとれることがわかってきたのです。例えば、

（養護教諭へ）「保健室来室者で困っておられることはありませんか」

（3年学年団へ）「進路相談会での困りごとがあれば教えてください。直接お聞きした方がよければ、伺います」

（事務長さんへ）「各種未納金の状況は例年通りですか」

（野球部顧問へ）「野球部関係で必要としている備品はありますか」

（○先生へ）「授業ゲストを招聘する件は了解です。謝礼は教頭先生に相談してください。私から伝えておきますから」

事例を見て、校務DXは大したことがないと思われる方があるでしょう。でも、けっしてそうではありません。たかがチャット、さ

れどチャットです。チャットは相手の時間を奪いません。もちろん相手は返信する時間が必要となりますが、自分のペースで行うことができます。やりとりの記録も残ります。

考えてみると、ちょっとしたことで教職員の大切な時間を奪い、相手のペースを乱していたように思うのです。校長から質問があれば、敬意を表して、先に対応してくれる教職員ばかりですから、なおさらだと思うのです。

市内校長チャットも無くすことができないほど重宝するようになりました。

「明日の午後は、暴風と大雨の予報が出ました。下校時刻について、情報提供をし合いましょう」

「教育委員との懇談会で話題にしたいことを気軽に投稿してください」

「中央教育審議会発信の最新情報です。リンクをお知らせします」

「最近、インフルエンザで欠席する子どもの数はどうでしょうか。我が校はようやく収まってきた感じです」

などと、これまでは月１回の校長会議で情報交流をするだけでしたが、チャットによって容易に情報を得ることができるようになりました。ある事例について判断に迷うことは多々あります。校長チャットで、互いに相談し合いましょうという声掛けがあります。チャットで相談することで、自信をもって教職員に伝えることができたことは多々あります。もちろん、チャットで他の校長から聞いたとは言っていませんが（笑）。

3　子どもの学びを変えよう

☞１

子どもに学びを起こす仕組みと仕掛け

子ども主語の授業づくりに向けて

1　子ども主語の授業とは

「子ども主語の授業」についてどのようなイメージをおもちでしょうか。授業の主語はあくまでも教師であるべきで、教師が進行するのだから、子ども主語の授業はどうもイメージできないという方がおられます。もちろん、授業設計や展開をするのは教師ですから、その気持ちは理解できます。

そこで子ども主語の授業を次のように表現することにします。

「授業において一番大切なことを子ども自身が気づき学ぶ授業」

言い換えれば、身につけてほしいことを教師が教えるのではなく、子どもが授業過程で気づいて学び取る授業と言ってもよいでしょう。

この授業を実現するためには、子どもが課題に関心をもち、自分事にすることが欠かせません。社会科授業名人の故・有田和正先生は、「授業では教えたいことはあるが、それを子どもに教えてはいけない」と言われました。子どもに強力な「はてな？」を生み出して、自ら進んで調べてみよう、探究してみようという気持ちを起こすことだと主張され、それを具現化した授業を飛び込み授業においても見せていただけました。このことは、子どもに学びを起こす仕組みと仕掛けと言ってもよいでしょう。

2　振り返りは子どもに学びを起こす

振り返りの重要性は、本書において随所で示してきました。子どもに学びを起こす点においても、振り返りは有効です。

授業の冒頭で、前時の振り返りの中から数人を選んで教師が読む、あるいは発表させる授業が増えてきています。これは振り返りの中に、教師が今日の授業のねらいとしたいことが書かれているからです。子どもが次の授業でやってみたいことや考えたいことを表現しているからです。**子どもの思いで授業を創ろうという教師の姿勢が子どもの振り返りに反映している**と言っても過言ではありません。

もちろん、こうした振り返りとなるのは、教師の指導があってのことです。ある授業で教師が振り返りを書く際に、子どもたちに「今日も振り返りをしましょう。しっかり反省してね」と伝えた場面に出合いました。強い違和感をもちました。振り返りは反省ではないというわけではありませんが、子どもたちにとっての反省は悪い箇所を見つけるといったイメージが強いのです。その学級の子どもの振り返りを５人ほど見せてもらいましたが、「今日はうまく発言ができなかった」「式はあっていたけれど答えが間違ってしまった」など、振り返りではあるのですが、次へつながる内容が書かれていないのが残念でした。このような内容となったのは、「反省」という言葉だと思います。

「振り返りは心の中で起こったことなら何でもよいので書きましょう」など、子どもが心境を素直に表現できるように伝えることが大切です。さらに「モヤモヤしていることも書いていいよ」と助言するとよいでしょう。授業を終えた後、モヤモヤしていることは学びを継続する意味において、とても大切なことです。**「モヤモヤが続くのが本当の学びです」と子どもたちに伝えるとよいでしょう。**

☞２
チャットから「問い」を生む

１　「問い」を生む必要性

なぜ、子どもに「問い」をもたせる必要があるのでしょう。授業は、教師が提示した「問い」を考えることから始まるので、子どもが「問い」をもつ必要はないと考える方があるでしょう。そうではありません。教師が提示した「問い」を子ども自身が考えてみたいと思わなければ、真の「問い」にはなりません。

仮に子ども自身の「問い」になっていなければ、子どもは教師が求めている答え探しをしている状態であると言ってもよいでしょう。そこに主体性は見えてきません。**子どもに「問い」をもたせるのは、子どもを主体的にさせる一方法なのです。**

２　「問い」を生み出す方法

「問い」を生み出す方法は様々あります。前項でも「振り返り」をもとにした「問い」の生み出し方を示しました。ここでは、学校 DX の点からチャットによって「問い」を生み出す例を示します。

授業中にチャットを活用している学校があります。そのチャットを見ると、その学級の心理的安全性が高いことがありますが、気軽に自分の「問い」を投稿しています。「問い」というより、自分が

わからないことを表明して、助けを求めていると表現した方が適切かもしれません。

「□と△は関係があると言っていいですか」（社会）

「こちらがいいという資料を見つけた人はいますか」（社会）

こうした**ちょっとした質問が、「問い」から「ねらい」を生み出す**ことになります。

「優れているということを数字で表すのは難しいね。何かよい方法がないかを考えています」（社会）

こうした書き込みがあるのは、チャットで他の子どもと交流したからこそです。

「この単語の他にこのフレーズで使える単語はないかな」（英語）

「excellent という単語があるよ」（英語）

このようにチャットを活用して、気軽に質問を出して答え合っています。これまでの授業ではできなかったことです。まさに学校 DX がなせることです。

文部科学省資料では「他者参照」という文言で、子どもたちが気軽にやりとりをして、学び合っている事例が掲載されています。

【参考文献】

・文部科学省有識者インタビュー
GIGA スクール構想×クラウド活用（東京学芸大学教授　高橋純 氏）
https://www.mext.go.jp/stuDXstyle/special/49.html

☞３
クラウド共有で課題追究と学び合い

１　自ら課題を見つけることの面白さ

社会科授業名人と言われた故・有田和正先生ほど「課題見つけ」を楽しんでおられた方はないと思います。セミナー講師としてお呼びしたときも、「帰りには○へ寄って、このことを調べて帰るよ」と言っておられました。きっと頭の中は、調べて明らかにしたい事柄でいっぱいなのだと思いました。課題は人を元気にするという証を有田先生が示していただいたと思っています。

だからこそ授業においては課題追究過程を大切にしたいものです。単元を貫く課題の設定があり、その解決のために子どもたちが主体的に何時間も取り組むことができることは理想です。これを目指しつつ、まずは課題を子どもたちが見つけること、言い換えれば、**教師による授業展開によって、子どもに課題に気づかせる**ことを目指したらどうでしょう。

次の例を示すと、これはそれほど難しいことではないと思われるでしょう。

例えば、算数授業において、１桁と２桁のたし算を学習したとしましょう。子どもたちに「次はどんな課題が浮かびますか？」と聞いてみましょう。「２桁と３桁のたし算はできるか」など、発展的なことを言う子どもは必ずいます。そうしたときにすかさず「教科書にもない課題を言ってくれました。とてもよい課題です」などと褒めましょう。こうした小さなことの積み重ねが自ら課題を見つける楽しさを育みます。

2　学び合いと学校DX

学校DXによって「学び合い」も促進することができるようになりました。一人一人を容易に結びつけることができるからです。

課題を追究する際に、仲間と話し合うこともあるでしょう。ある課題に対して、それぞれの考えをクラウド上のシートに入力し、それを互いに見合い、考えを練っていく授業を目にするようになりました。こうした光景を見ると、学校DXが進んできたと感じます。

また、考えを高めるために教師が新たな情報を子どもたちの端末に送信する場面も目にするようになりました。これまでであれば、あらかじめ印刷資料を用意しておいて配布した場面です。もちろん事前準備は必要ですが、子どもたちの学びの様子を見ながら、資料をネットから取り入れ、追加することも容易となりました。

数学の証明問題に取り組んでいる場面では、クラウドによって、級友の取組状況がわかりますので、それを見ながら、「ここのところはどうしてこうなるのかを教えて」などとメッセージを送る場面を目にすることができました。学校DXで学び合いが簡単にできるようになった一例です。こうした場面は書き出したらきりがありません。

多くの実践を見る中で、より重要視すべきことがわかってきました。**心から学び合おうとする子どもの気持ちを育てること**です。それがないと形式的な「学び合い」になってしまいます。

☞ 4
課題解決や発表は豊かな情報交流から

1　学校DXで生まれた理科の意見交流

学校DXで、子どもたちの発表方法が多様になってきました。挙手をして意見を述べることは発表の一方法ですが、時間の制限もあり、仮に全員が挙手をしたとしても、すべての子どもが発言することはできません。ところが、**情報端末で各自の考えを入力することで、全員が発言したと同様なことが実現できます。**

小学校の理科授業で、それぞれの実験結果を端末に入力した上で、クラウド上で他の子どもの実験結果を見合う学習活動が仕組まれていました。

次から次へ他の子どもの実験結果画面を見ていた子どもが、あるページで凝視し始めました。教師が「今から２分間のフリータイムとします。自分と同じ実験をした人や結果が違っている人と自由に話し合ってください」と指示しました。

その子どもは、ある子どものところへ行き、画面を見せながら「この結果はおかしいと思うよ。このような数字になるわけはない」などと伝えているのです。これは情報共有によって、同じ実験をしたにもかかわらず、他の子どもの結果が自分の結果と大きく違っていたことがわかったからこそ生まれた場面でした。各自のノートに結果を書いていたのでは、このような場面は生まれません。まさに学校 DX がなせた場面でした。

2　発表をもとにした検討場面設定へ

先に紹介したような意見交流場面を見ることは多くなるでしょう。時間と手間をかけず、全員発表ができることから、その後の授業展開にも変化が生まれてきています。

例えば、互いにそれぞれの発表内容を評価することができます。「いいね」などのスタンプを押すことで、子ども同士で評価し合ったり、短いコメントを入力し合ったりしています。従来のアナログでは、こうしたことをやりたいと思っても、とてもできませんでした。

中学校の国語授業では、「推敲」をテーマとした授業を見ました。それぞれが情報端末を活用して創作小説を書いており、4 人グループで小説を読み合い、推敲し合うという場面でした。

ある子どもが、手元の端末でグループ内の子どもの小説を読みながら、「主人公が人と話すときには、自分の名前をわざわざ言わないと思うよ。だからここは『僕は』とした方がよいと思うよ」と考えを伝えたシーンを目の当たりにしました。指摘を受けた子どもは、すぐに言葉を変更しました。

情報端末を活用することなく、このようなことが容易にできたでしょうか。アナログで書いていれば、一単語を変えるだけでも大変です。クラウドを活用しているからこそ、級友の小説を手元の端末で読むことができたのです。目の当たりにした私にとっては驚くべきシーンでしたが、子どもたちにとっては当たり前の活動のようでした。日常的に端末活用をしているからこそ、こうした場面が生まれるのだと感服しました。

☞5
振り返りを共有して次につなげる

1　「振り返り」の捉え方

いくつかの学校で指導助言させてもらう立場ですから、おかげさまで、今の学校の動きを捉えることができます。授業で「振り返り」を位置づける学校が多くなってきました。確かに「振り返り」は子どもが自らの学習状況を見つめて、自分自身で今後どのようにすべきかを考えるよい機会ですので、お勧めをしています。

学習指導要領の「主体的な学び」の定義にも「振り返り」の大切さが示されていることをご存じでしょうか。次のように示されています。

> 学ぶことに興味や関心をもち、自己のキャリア形成の方向性と関連付けながら、見通しを持って粘り強く取り組み、自己の学習活動を振り返って次につなげる「主体的な学び」
>
> （小学校学習指導要領（平成29年告示）解説　総則編）

下線に注目してください。「自己の学習活動を振り返って次につなげる」という文言は、振り返りは子どもを主体的にさせると読み取ることができます。**教師に言われなくても自ら振り返り、次の取組を考える子どもであれば、まさに主体的です。**「振り返り」の効用を感じていただけたでしょうか。

2　振り返りをデジタルにすることの効用

「振り返り」をデジタルで入力することで、アナログで記録しておくより、かなりよいことが生まれてきます。先進校での事例をお伝えします。

○授業中に互いの「振り返り」を読み合う

「振り返り」をデジタル入力することで、クラウド上で互いに読み合うことができます。もちろん教師も授業中に子どもたちの「振り返り」を端末で読むことができます。アナログであれば、それぞれの書き込みを見ることでしかできません。**授業中にすべての子どもたちの振り返り状況をつかめるのもデジタルだからこそです。**

○「振り返り」を今日の授業と結び付ける

授業開始時に前時の「振り返り」を読むことで、復習に兼ねている学級があります。今日のねらいにつながる「振り返り」を書いている子どもを意図的に指名して発言させ、子どもの言葉でねらいを定めて授業を始める学級があります。

○単元を通した「振り返り」から自分を見直す

単元の各時間に書いた「振り返り」を通し読みすることで、あらためて単元における学びを確認したり、さらなる課題を自ら決めたりする子どもがいます。デジタルだからこそ可能となることです。

○「振り返り」を生成AIで分析

「振り返り」を生成AIに入れて、分析をしてもらい、次の授業づくりに生かしている教師がいます。今後、こうした生成AI利用はますます多くなってくると思います。

☞６
オンライン学習・リモート学習は双方向がカギ

１　オンライン学習・リモート学習とは

コロナ禍で注目された学習に、オンライン学習・リモート学習があります。この学習は、インターネット上にある問題集や動画を見て自習をするオンライン教材型や、リアルタイムで教師や他の児童生徒とのやり取りをしながら行うオンライン授業型など、様々なタイプの学習法があります。企業ではリモートワークが普及しましたが、残念なことに不登校児童生徒のますますの増加もあり、オンライン学習（授業）やリモート学習が増えてくると思います。

２　オンライン学習の成果

熊本市がオンライン学習に関しての興味深い報告をされています。熊本市教育長・遠藤洋路氏の著書『みんなの「今」を幸せにする学校』（時事通信社、2022 年）の「不登校の子供たちもオンラインなら授業に参加できるという思わぬ成果」という項から引用します。

> 前年度に不登校だった児童生徒のうち、オンラインによる健康観察や課題のやりとりに参加できた子供が５割以上、オンラインによる授業に参加できた子供が３～４割、学校再開後に登校できるようになった子供が３～４割という、予想を超える結果が現れました。

この事実を示し、「双方向のコミュニケーションによって、とにかく学校とのつながりを保つ、という取組が一定の効果を上げたことは間違いありません。**オンラインは、不登校の児童生徒の学びの保障にとって、有力な選択肢になる**ことが実証されたのです」とまとめられています。

不登校の子どもたちへの対応で苦慮している学校は多いと思います。上記のオンライン学習に参加した子どもが学校再開後に登校してきた事実は、不登校対応に一筋の光を示しています。学校 DX を推進する中で、オンライン学習を位置づけることもよいでしょう。

3　オンライン学習の留意点

ある高等学校でオンライン学習を見学したことがあります。教育センターの指導主事が生物の授業をオンラインでしていたのですが、全編にわたって説明型の授業でした。つまり、画面で教科書の大切な部分を示しながら、そこの解説をするという展開でした。こうしたオンライン学習が続いたのでは、生徒の集中力は欠けますし、学習効果も薄いと思いました。**オンラインだから双方向はできないという思い込みは払拭すべき**だと思います。

リアルタイムのオンライン授業ならば、双方向の授業ができるはずです。

例えば、解説をした後、それに関連する質問をして、生徒にはチャットに書き込むように指示することが簡単です。○×で判断を求めることは容易ですし、生徒も入力は簡単です。

オンライン学習を構想する際は、双方向となる場面を意図的に仕組み、学習者が参加できるようにするとよいでしょう。

☞ 7
生成AIを授業づくりのツールに

1　文部科学省は生成系AI活用を推奨

文部科学省は、2023年7月4日に「初等中等教育段階における生成AIの利用に関する暫定的なガイドライン」を公表し、教育現場での生成AIの活用について以下のように述べています。

「生成AIを取り巻く懸念やリスクに十分な対策を講じることができる一部の学校において、個人情報やセキュリティ等に十分に留意しつつ、パイロット的な取組を進め、成果・課題を十分に検証し、今後のさらなる議論に資することが必要である」

このように文部科学省は、日に日に進化・発展する生成AIの世界を踏まえて、活用を推奨しています。実践を通した知見を基に今後の方針を出すために、全国にパイロット校を指定しています。

2　まずは教師による生成AI活用から

生成AI活用は、まずは教師が活用してみることから始めるとよいと思います。個人情報を入力することだけは避けて、とりあえず生成AIに何かしら入力してみるとよいと思います。例えば、ChatGPTに「校長として、中学生対象の集会で3分間、情報活用能力の必要性を話したいと思います。キーワードを5つ示してください」と指示します。わずか数秒で以下の回答が表示されました。

> 中学生対象の集会で「情報活用能力の必要性」について話す際のキーワードは以下の５つです。
> 正確性　情報が本当に正しいかどうかを見極める力。
> 判断力　膨大な情報の中から必要な情報を選び取る力。
> 発信力　得た情報を自分の考えとして整理し、伝える力。
> 安全性　情報を扱う際の個人情報やトラブルへの配慮。
> 未来力　情報活用によって、自分の将来や社会をより良くする力。
> このキーワードを中心に、簡潔で具体的な話を組み立てると効果的です。

生成AI活用をインターネット検索と同じように思っている方がありますが、まったく違います。繰り返しますが、とりあえず「メッセージを送信する」欄（ChatGPTの場合）に何かしら質問を入れてみることです。回答の速さ、その内容（あくまでもすべては正しいわけではない）に驚くことと思います。そして、様々な活用例が浮かぶはずです。

こうした経緯を経て、子どもに生成AIを活用させて学びを豊かにさせている事例も出てきています。ちなみにChatGPTに活用例を聞いてみました。瞬時に次の項目を表示し、それぞれについて詳しい説明が表示されました。

1. 国語　作文のアイデア出し
2. 社会　課題探究型学習
3. 理科　仮説と実験計画の立案
4. 英語　スピーキング練習
5. 美術・音楽　創造的作品の制作
6. 総合的な学習の時間（探究活動）　AIをテーマにした学習

まず教師が生成AIを使ってみると授業づくりにも生成AIが役立つことがわかるでしょう。

☞ 8
授業構想と学習評価

1　学校ＤＸならではの授業構想

子どもによる情報端末活用が日常化している学校においては、これまでにない授業づくりや評価方法を見ることがあります。

例えば、明日の授業計画をクラウド（Google Classroom など）上で示して、子どもたちに事前に見て準備してきてもよいと指示している学校があります。自宅に持ち帰った端末でクラウド上に提示されている計画を見て、いわゆる予習をしてくるのです。

その学校のある子どもに直接感想を聞いてみました。とても前向きな子どもであったことは確かですが、「事前に見ると調べたいことが出てきて、それに取り組んだ翌日の授業は、とても楽しみになります」と話してくれました。事前提示は子どもを主体的にさせることの証ですし、こういった子どもが一人でもいることは素晴らしいことです。仮に宿題として事前学習を指示したら、このような子どもは生まれないでしょう。自己選択をさせているところが大切だと思います。

授業構想の中に、クラウドで単元学習計画が位置づけられていることに注目すべきです。アナログではとても簡単にはできません。**子どもの学習状況を踏まえて、随時、学習計画が変更されていること、クラウドだからこそ変更が容易であること**にも、こうした取組を推進させていると思います。

2　学校 DX ならではの学習評価

学習評価においても、学校 DX が変化を生んでいます。子どもたちが入力した内容（例：レポート、動画、作品写真）をもとに、職員室で評価しておられる教師がいます。従来であれば、ノートやプリントを回収して評価をしていましたし、実技評価はその場でしかできませんでした。その場でレポートにコメントを返している教師もいます。

子どもたち自身が自分の成果を評価する方法も多様になってきました。体育の授業では、友達に自分の試技を撮影してもらい、それを見ることで､次への課題を自分で決めています。音楽の授業でも、自分のパートを録画してもらい、楽譜を見ながらそれを再生している子どもを見ることがありました。聴き終わったときに、楽譜に赤丸を２か所付けましたので訊いてみました。「ここと ここで息が切れたんです。ここは一息で歌うところなので、次はここを注意しようと思って赤丸をつけました」と答えてくれました。動画で再生するからこそ、こうした自己評価ができます。**情報化によって、評価方法が多様になる**ことを子どもから教えてもらいました。

美術の授業では、開始時に今日の自己目標を端末に入力していました。教師は自分の端末ですべての子どもの目標が一覧できますので、机間指導で、その目標を確認しながら、個々に声をかけるシーンを見ることがありました。まさに子どもに応じた、子どもを元気づける評価場面でした。柔軟な発想により、学校 DX は様々な変革をもたらすことを実感しています。

Column

ある教師の一日
DXで変わった働き方

今日は、何度「忙しい」と口にしたり、思ったりしたかと就寝前に振り返ることがあります。「忙しいのは、やりたいことがたくさんあるからいいことだ」と先輩から言われたことがありますが、その通りです。子どもたちと一緒にいるとやりたいことや、やってあげたいことが次から次へ浮かんできます。それと同時に、やらなければいけないこともいっぱいあって、ともすると何一つできないまま1日が終わってしまって、落ち込むこともあります。

情報担当主任から「我が校は学校DXのモデル校になります」と聞いた時は、ますます忙しくなってしまう！ と思いました。ところが、その予想は見事に覆りました。

情報主任は、クラウド上に業務に関係する全てのデータを集めてくれました。正確にはデータが自動的に集まるようにしたようです。どのような仕組みでそのようになっているかを情報主任に聞いたとき、「詳しいことを知る必要はないよ。車の仕組みは知らないまま運転しているでしょ。それと同じで、まずは使うことだ」と言われました。確かにその通りです。学校DXは「こうなっているから、こう使う」といった程度の理解で十分によさがわかることを実感しています。難しいことは情報主任に任せればいいことがわかりました。

クラウド上に全てのデータがあるだけで、こんなに時間短縮ができるとは思ってもいませんでした。「人生の大半は探し物に費やしている」という言葉を聞いたことがあります。確かにそうでした。必要な書類を見つけるまでに時間がかかり、書類が見つかった後の処理はあっという間に終わるということが多々ありました。

今はクラウド上のとてもわかりやすく分類された目次から、必要なタイトルをクリックするだけで、手元のコンピュータに書類がすっと現れてきます。「日ごろから整理整頓しておけば済むこと」と言う人がいましたが、それがなかなかできないからこそ、こうした仕組みがいいのです。

最近は生成 AI 活用にはまっています。学習発表会で劇をすることになったのですが、その台本づくりでは生成 AI が大活躍でした。劇の内容や学年、子どもの数を入れて、生成 AI に劇の台本を作ってもらいました。もちろん、何度も生成 AI に書き直してもらったのですが、自分で創作する能力も時間もありませんから、生成 AI があってこそできたことです。聞くところによると、文部科学省は積極的に活用するよう勧めているそうです。こんな便利なものを使うなという方に無理がありますから、文部科学省ももっともな方向を示していると思います。

学校 DX はみんなで活用するからこそ、価値が上がるものだと実感しています。「私はコンピュータが苦手だから使わない」と言っていた人がとても便利だということがわかって、フル活用しています。周りからあの人は宗旨替えをしたなどと笑われていますが、この先もどんどん DX は進みそうで、楽しみでしかありません。3 年後の学校はどのように変化しているかの予想できない状況になってきていると思います。

４　学びのDX取組例

☞１

途中参照・他者参照による学びの深化

ここでは全国各地で行われている学びのDX授業事例を紹介します。

１　途中参照・他者参照のよさ

途中参照や他者参照は、協働的な学びの一シーンと捉えるとよいでしょう。子どもたちがある課題に対して、自分の考えをもちます。必ずしも全員が自分の考えをもつことはできません。近くの子どもと相談したり、クラウド上の友達の考えを見て、自分の考えを確かめようとしたり、友達の考えから学ぼうとします。これを「途中参照」や「他者参照」と呼んでいます。

それぞれがノートに自分の考えを書いている場合は、それを参照するには無理があります。教室内をグルグル回ってノートを確認しなければならないからです。クラウド上であれば、それが容易となります。上智大学の奈須正裕先生は、「昔は、カンニングはよくないと言われていたが、今ではクラウド上でのカンニングは推奨してもよい」と言われます。もちろん他人の考えがすべて正しいわけではありません。実践校に聞くと、他人の考えを丸写しするような子どもはいないと言います。容易に見られるからこそ、その情報を大切にして、自分なりに考える子どもが増えたと言います。丸写しすれば、他人からそれがわかってしまいますので、そのような行為は防げるのだろうと思います。

2　途中参照・他者参照の実際例

途中参照・他者参照が有効に働いた授業場面を紹介します。算数の授業でのことです。

提示された問題は「あおいたちは、7本の木を一列にならべて植えました。木は2mずつはなれています。両はしの木の間は何mですか」です。

ある子どもの考え（写真1）です。「木が7本あるうちの2mずつ空いているので、式は7×2＝14　答え14mです」と書いています。

写真2を見ると、他の子どもの考えが一覧となっています。これで途中参照ができます。そこで「12m」という答えを書いている友達が多いことに気づくのです。

写真1

写真２

写真３は、同じく 14m としている仲間と「どうして 12m なんだろう？」と話し合っています。そこで 12m と解答している仲間に聞きに行きました。クラウドで他の子どもの考えを見ることができるからこそ、生まれた場面です。

写真３

14m と解答していた子どもたちは徐々に自分の誤りに気づいて

いきました。教師が教えることなく、考えの相違をもとにごく自然な話し合いがされました。

3　協働学習を仕組む上で有効な途中参照・他者参照

中央教育審議会「教育課程部会における審議のまとめ」（2021年）では、「協働的な学び」について以下のとおり記載されています。

「探究的な学習や体験活動などを通じ、子供同士で、あるいは地域の方々をはじめ多様な他者と協働しながら、あらゆる他者を価値のある存在として尊重し、様々な社会的な変化を乗り越え、持続可能な社会の創り手となることができるよう、必要な資質・能力を育成する『協働的な学び』を充実することも重要である」

とりわけ、「多様な他者と協働しながら、あらゆる他者を価値のある存在として尊重」という文言を実現する手立てとして、ここで紹介した途中参照・他者参照は、これまでの授業では生み出すことができなかった授業場面を自然に創り出します。教師は、他者の考えを参照する価値を折に触れて子どもたちに伝えることが大切です。

こうした活動に慣れてくると、クラウド上であの友達の考えを見ればいいと思う子どもが出てきます。子どもだからしかたありません。そうした学習の是非について、時には子どもたちに語ってほしいと思います。他者参照と言っても、結局は優秀な子どもだけが学んでいるという厳しい指摘があります。ここで紹介した事例は、そうしたことは微塵も感じられませんでした。よりよい学級経営がベースになっているからこそ、途中参照・他者参照が生きるといっても過言ではありません。

☞２
クラウドで考えを共有し話し合う

１　クラウドで他人の考えを知り話し合う

クラウド上に自分の考えを入力して、それらを読み合うことで協働的な学びを生み出すことができます。従来は、意見がある子どもが挙手発言をして、それをもとに話し合いを進めます。往々にして正解が出されますから、そうではないと思っている子どもは発言できません。このことはとても重要な問題です。文部科学省が発刊したGIGAスクール構想のパンフレットには、「誰一人取り残さない」というフレーズがあります。これは、１人１台端末を活用すると、誰もが自分の考えを表明することができるということです。とはいえ、考えを出せない子どもがいるのも現実です。そうしたときに、画面に「？」とか「わからない」と入力できる学級でありたいと思います。

？

わからない

さて、理科の授業を見たときです。同じ実験をした結果を端末に入力したところ、結果があまりにも違うので、子どもが話し合いたくなった事例です。各自でノートに結果を書いていたのでは、そのようなことは起こりません。この教師は、「今から２分間のフリータイムを設けます。話し合いたい人と端末の結果を見ながら話し合ってください」と指示をしました。

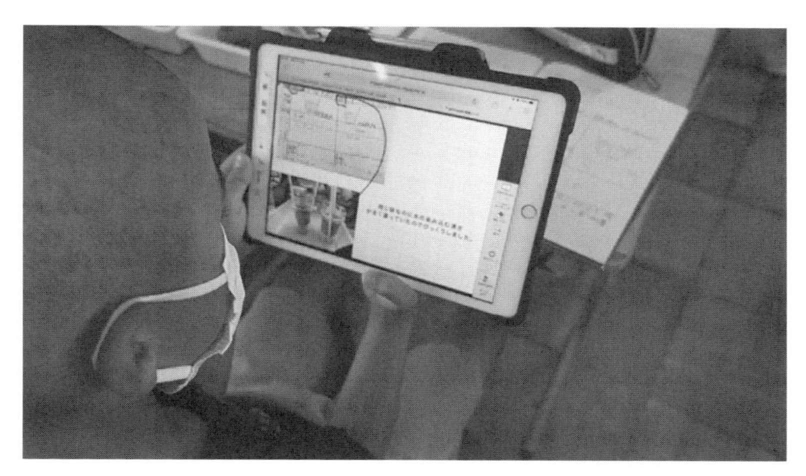

写真１

写真１を見てください。この子どもは、それまで他の子どもの結果を次から次へ見ていました。ところが、あるところで、静止して

写真２

写真３

じっと見つめ始めたのです。その理由は教師の指示でわかりました。

写真３は、男の子が同じ実験をしたのに、結論が違うことに気付き、話し合いを始めたときのものです。

「12秒だったと書いてあるけど、それなら、水は、さあっと落ちていくよ」

「僕はこっちの方が早かったよ」

「石があるから早いんじゃんないの」

「石があるからそうなると思うけど……」

など、二人で具体的な数値を出して話し合っていました。とてもよい話し合いとなったのは、同じ実験をしているのに結論が違うからです。

写真４は、中学校社会科授業での一場面です。課題に対して、まずは自分の考えをもちます。しばらくしたら、端末を持って教室内で意見交流を始めました。自分で調べてまとめたことですから、どの子どもも自信をもって交流していました。

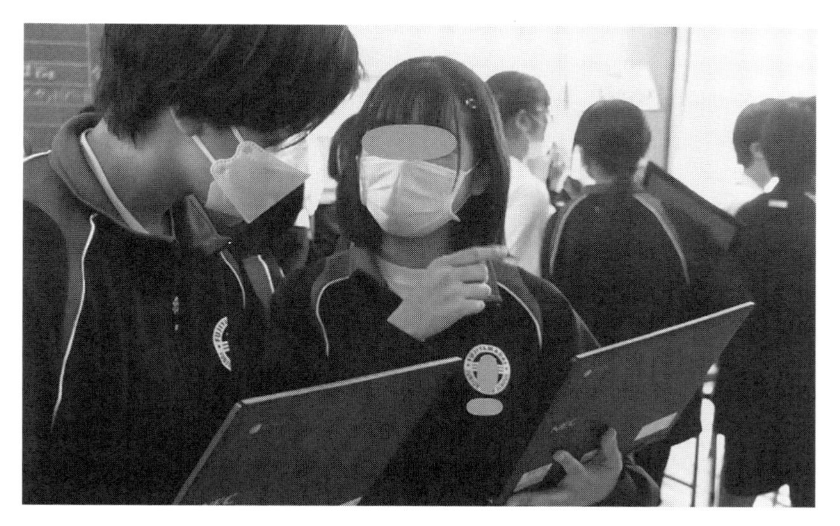

写真４

実は、この学校は各教科で短時間の交流を始めたところ、学力が向上してきたというのです。

それまでは、教師の説明を聞き板書をノートに写して理解する授業が多くありました。それが授業の一部において端末に入力した自分の情報をもとに話し合うわけですから、一方的に聞いているだけの授業とは異なり、全体がアクティブになっています。当然、子どもたちの頭の中も働きます。

「こんなに一生懸命授業をしているのに、学力が高まらない」という相談があります。そうした学校での授業では、入力ばかりで出力が少ない場合が多々あります。子ども自身が理解したことを自分の言葉で発信する、友だちに伝える、話し合うなど、こうした経験が少なければ、学力は高まりません。脳科学者の池谷裕二氏は、脳のパフォーマンスは「入力より出力」で高まると言います。端末に自分の考えを入れることから始め、それらを交流すること、つまり出力する場面を意図的に多くすることです。

☞ 3
授業の冒頭に自分のねらいを入力する

1　授業の冒頭に自分の目標を入力する（国語・社会）

授業の冒頭に、それぞれが今日の授業の目標を入力することが習慣化されている授業を見たことがあります。授業開始時に自分の目標を入力するのです。今日の授業のねらいは「太一はなぜもりを下げたのか」（小６「海のいのち」）を考えることですが、それを受けて、各自で目標を決めて入力し、それを読み合っています。写真１は、それぞれが自分の目標を入れているところです。この教師には、各自が目標を入れておくことで、振り返りをシャープにしようという意図があります。

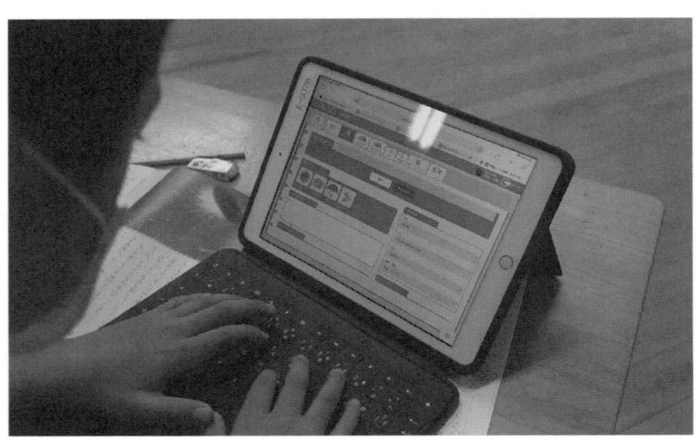

写真１

写真２

教師はクラウドでだれがどんな目標を入れているかがわかるので、意図的指名をして授業を進行しています。教師の手元の端末で一人一人の書き込みを見ることができますから、容易にできるわけです。

写真３は社会科授業における子ども個々が入力した目標です。

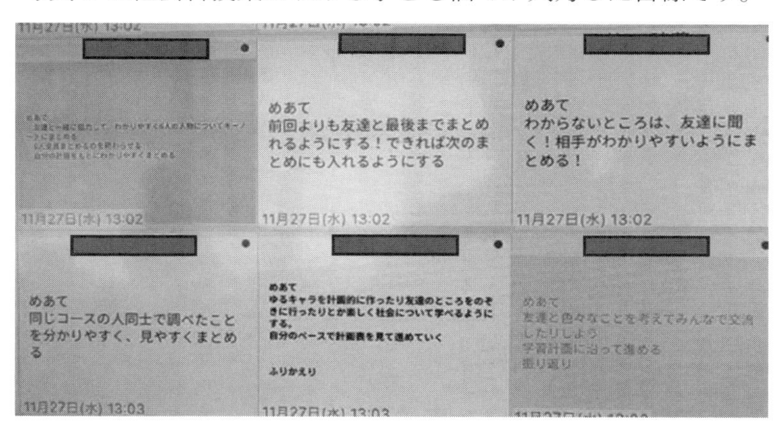

写真３

2　授業の冒頭に自分の目標を入力する（美術）

「自由進度学習」という授業形態が広がりつつあります。例えば、美術の授業は、大きな目標に向かってそれぞれが自分のペースで作品づくりをしていきますので、「自由進度学習」といってもよいでしょう。こうした授業を成功させるためには、子どもたち個々がしっかりと目標をもって授業に臨んでいるかが大切になります。参観した授業では、授業の冒頭で個々の目標を端末に入力していました。
「今日はそれらしい色を作って塗りたい」
「より立体に見えるようなデッサンをしたい」
などと、個々が目標を入力していました。授業への意識を高める上で、とても有効だと思います。

教師は、個々の目標がわかっていますから、机間指導で、それぞれに応じた声掛けをしていました。
「いい色ができたね」
「なるほど、より立体に見えるようにデッサンできているよ」
など、子どもにとっては入力した目標に応じた教師からの的確な助言や評価がありますので、より活動が豊かになります。

3　子どもに応じた指導助言をする

写真４は、子どもが教師の提供した動画をもとに、よりよいデッサンの仕方を学んでいるところです。まさに個別最適な学びが実現されています。教師は、あらかじめ子どもに助言をする際に役立つだろうと思うコンテンツ（動画、写真、資料）を用意しておき、適宜提示をしています。

写真4

写真5は、体育の授業におけるワンシーンです。この授業は、柔道の基本技を学んだあと、自分で身につけたい技を自己選択して学んでいく授業です。子どもは武道場に掲示された技の説明や端末で表示されている動画を見て、自ら学んでいます。

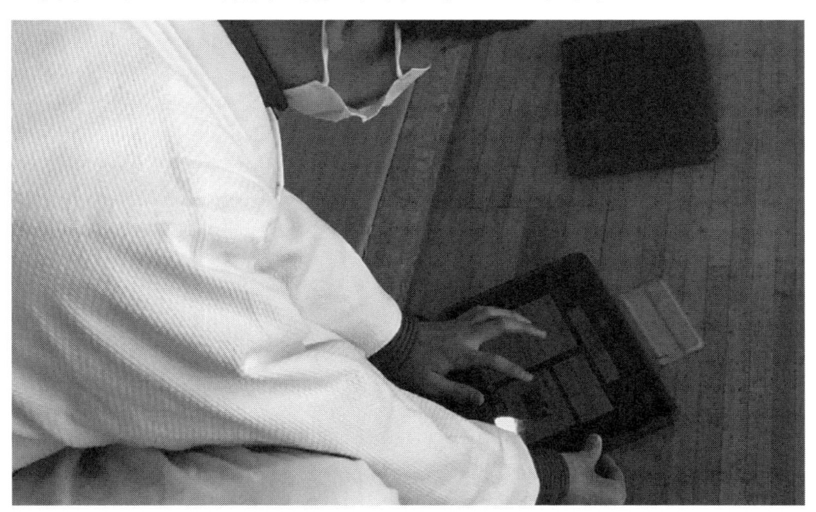

写真5

☞ 4
振り返りのデジタル化

振り返りは、「自ら学習を調整する」ことを意識させる意味でも、大切な活動です。それをデジタル化して、共有化する授業が多くなってきました。

1　振り返りを端末に入れてすぐに共有化する

写真１は、体育の授業のワンシーンです。授業の終わりに、端末に各自の振り返りを入力しています。それをグループになって読み合っています。写真の子どもは、バドミントンのコツがわかったといったことを振り返りに書きました。級友が具体的にどういうことなのかを聞いている場面です。

写真１

体育の授業でも、端末を活用することで振り返りは十分にできます。こうして読み合い､学び合うことは大変なことではありません。まずはやってみることです。

なお、この担当教師は、子どもたちの振り返りが電子watchに届くようにしていました（写真2)。その内容を見て、意図的な声掛けをしていました。

少しでも子どもをとらえて対応したいという思いがあるからこその取組です。

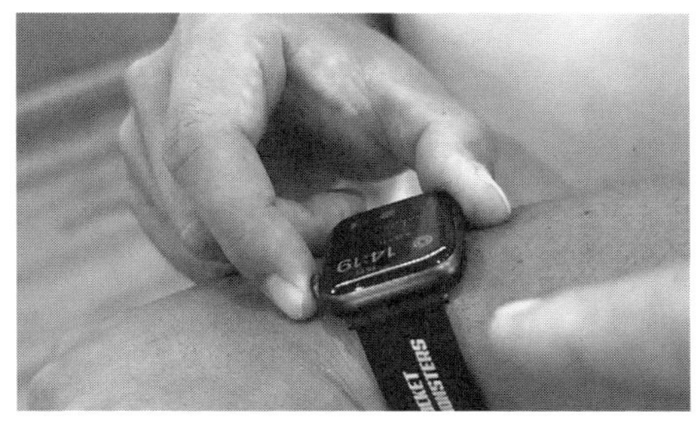

写真2

2　振り返りの即時評価

振り返りをデジタルにすることのメリットはまだまだあります。例えば、クラウド上で振り返りを読むことができますので、教師は入力された振り返りを見ながら、一言コメントを出しています。授業中に振り返りの価値づけができてしまうのは、デジタルだからこそです（写真3)。

また、その振り返りを聞きながら、「自分もそういうことを思ったから書こう」という子どもが出てくるはずです。他人から素直に学ぶことができることを褒めてやればよいと思います。人の真似をすることはよくないと考える教師がいますが、協働的な学習はもともと「学び合い＝真似び合い」が原点です。

写真３

　写真４は、授業の開始直後に前時の振り返りを読んでいるところです。自分の振り返りを読んだ後は、時間があれば他の子どもの振り返りも読んでいます。つまり、前時の復習をしているのです。

写真４

教師はこのあと意図的指名により、ある子どもに振り返りを読むように指示しました。意図は今日のねらいを子どもの言葉で表出させるためです。振り返りが充実してくると、当然、「次の授業では○について考えたい」といった目標が書かれるようになります。そうしたことを書いている子どもの振り返りを読ませることで、子どもの言葉で創る授業を実現させようとしています。

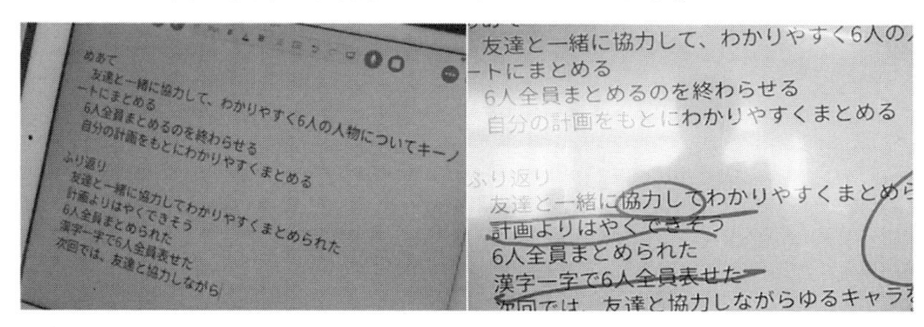

写真５　　写真６

写真５は、端末に「めあて」と「振り返り」を入力している画面です。「めあて」と「振り返り」をセットにすることで、振り返りの質が高まります。

教師は、子どもたちの振り返りをクラウドで読みながら、全体で共有化するとよい内容については、写真６のように線を引いたり、○を書いたりして評価しています。こうした繰り返しによって、子どもたちの振り返りは徐々に高まってきます。

「振り返りをやっていても成果が見えない」という言葉を聞くことがありますが、短時間で成果が出るものではありません。もっともいけないことは、子どもより先に教師が飽きてしまうことです。振り返りはまさに「継続は力なり」です。

☞５
チャット活用

授業においてチャットを活用して、子ども同士のコミュニケーションを活性化している例も増えてきました。

１　チャットに自分の考えを入れて級友とやり取りする

チャットのよさは気軽に考えを入力でき、それを読んで級友から感想をもらうなどのやり取りができるよさがあります。チャットはいじめの温床になるといった偏見で子どもたちに使わせない自治体がありますが、実際に活用している学校からは、そのような報告を聞いたことはありません。まずは、教職員間でチャットのよさを体感して判断するとよいと思います。

写真１は、小学校図画工作授業におけるチャット入力例です。自分の進捗状況を文章で入れています。また、今後の目標も入れています。それに対して、「東福寺がうまいね」といったコメントが入っています。それは自分の作品を写真で伝えているからです。文章ばかりではなく、画像で交流できるのも利点です。チャットですから、長文である必要はありません。気軽なやり取りを信条とするとよいでしょう。いずれにしても、これまでの授業ではこうしたやり取りはできませんでした。これも DX のよさです。

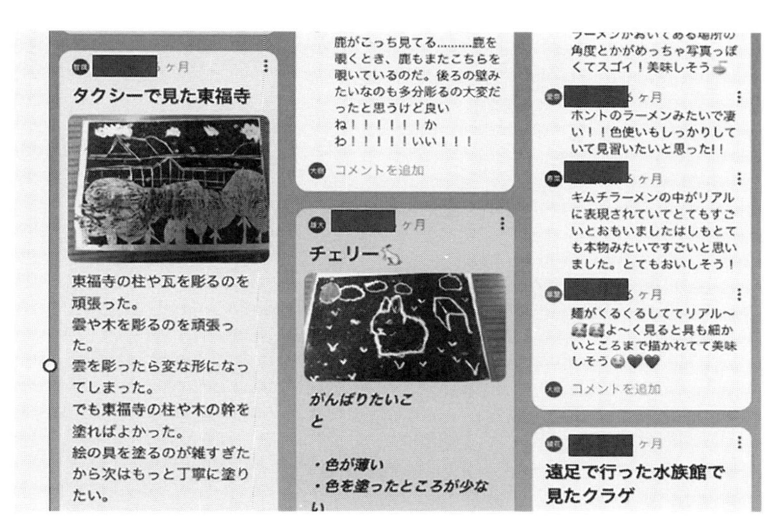

写真１

中学校で数学の授業を見た時です。チャットだからこそ、こうしたつぶやきが入るのだと思ったことがあります。「まとめるってどういうこと？」という疑問が入ったのです。これには驚きました。私たち教師は「まとめなさい」と頻繁に言っていますが、子どもは「まとめることはどうすること？」という疑問をもっていたのです。子どもはわざわざ挙手をして「まとめるってどういうことですか？」と聞きません。チャットだからこそ入力できたのです。教師は手元の端末でチャットを見ていますので、補足しました。チャット活用のよい場面だと思いました。

2　チャットの日常活用

写真２は、チャット活用が日常的になっている授業のワンシーンです。理科実験中の気づきを頻繁に入れて情報交流をしています。

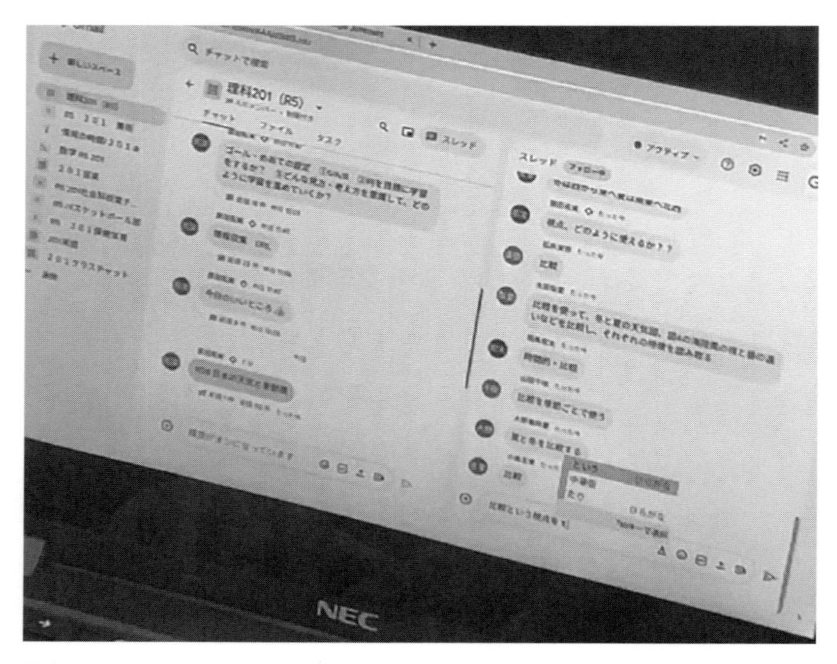

写真３

写真３は中学校英語の授業でのチャット活用例です。チャットに入力した質問に対して、随時、返答をしています。せっかく新しいフレーズを学習してもそれを活用する場面がなければ定着しません。

写真４のように、What 〜 do you like? のフレーズを使って、学級の仲間に発信しています。また、それに返信をしています。

写真４

教師はそのやり取りを手元の端末で見ることができ

ますから、指導するタイミングもつかむことができます。教師は、「少々間違っても大丈夫です。まずは入力してみることです」と声をかけていました。「？」などのつけ忘れがあったときには、級友が「？を忘れているよ」と、チャットで助言していました。日常活用を通して、子どもたちはチャットのよさをしっかり体感していました。「量が質を高める」という言葉を実感した次第です。

3　ハンカチ理論に行きつく

「ハンカチ理論」というものがあります。出典ははっきりわかりませんが、私は若いころからこの理論を信じています。

ハンカチを机の上におきます。そのうちのどこか一か所でよいので引き上げると他も引きあがってきます。

チャット活用もこの理論に当てはまると思います。授業中にチャットを活用してコミュニケーションを活発化させると、チャットを使わない他の場面でのコミュニケーションも活性化すると思うのです。チャットで子ども同士でやり取りをすることの楽しさを体感できれば、対面でのやり取りへの壁も低くなると思います。あることだけが伸びて、他が下がってしまったという例を聞いたことはありません。一つが伸びてくると、他もそれに比例して伸びてくると思います。

DX化を促進するためにチャット活用をされることもよいでしょう。他の場面でのDX化も進むはずです。

５　学校の問題・課題をソリューションしよう

☞１

誰一人取り残さない学校づくり

１　「誰一人取り残さない」ための１人１台端末

「誰一人取り残さない」という文言は、2019 年 12 月 19 日、文部科学大臣メッセージ「子供たち一人ひとりに個別最適化され、創造性を育む教育 ICT 環境の実現に向けて〜令和時代のスタンダードとしての１人１台端末環境〜」の中にあったのが、印象に残っています。次のように記されていました。

「この新たな教育の技術革新は、多様な子供たちを誰一人取り残すことのない公正に個別最適化された学びや創造性を育む学びにも寄与するものであり、特別な支援が必要な子供たちの可能性も大きく広げるものです」

教室には、多様な子どもたちがいます。それを象徴する図が、内閣府の総合科学技術・イノベーション会議資料を基にして文部科学省の武藤久慶氏が提示された「小・35 人学級の多様性」です（右頁参照）。この図を見ると、これまでの教育の方法だけでは対応できないと感じられる人もおられると思います。そのために１人１台端末を整備したというのが、文部科学大臣のメッセージに込められています。

次項から、発達障害、不登校、日本語の指導が必要な子どもへの対応例を示していきますが、DX によってこれまでできなかった対

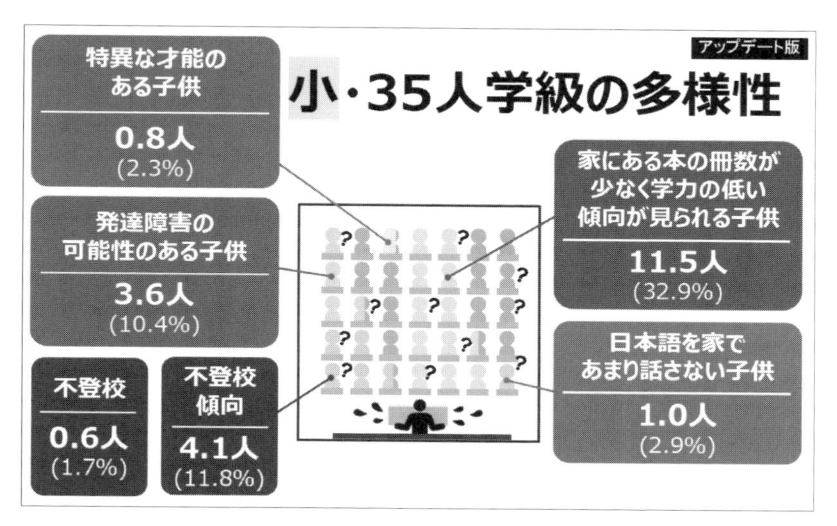

応ができることを示していきます。自校の状況に合わせて、子どものためによいと思うことを躊躇することなく実践してください。

2　保護者の理解は欠かせない

　多様な子どもへの対応をするためには、保護者の理解は欠かせません。学校が、我が子の成長を期して端末活用を考えていることがわかれば、協力もしてくれるものと思います。そのためには、事前に保護者に端末活用をするねらい、予想される成果などを伝えておくべきです。我が子を指導するのが面倒なので、端末で学習をさせていると捉える保護者がいます。誤解を生まないように事前説明をすることを忘れないようにしましょう。

【参考文献】

・子供たち一人ひとりに個別最適化され、創造性を育む教育 ICT 環境の実現に向けて≪文部科学大臣メッセージ≫、2019 年
・Society 5.0 の実現に向けた教育・人材育成に関する政策パッケージ　総合科学技術・イノベーション会議、2020 年

☞２
DXで広がる不登校対応の可能性

１　増加の一途をたどる不登校者数

文部科学省が2024年10月31日に発表した「令和５年度 児童生徒の問題行動・不登校等生徒指導上の諸課題に関する調査結果」によると、小・中学校における不登校児童生徒数は34万6482人で、前年度から約４万7000人（15.9％）増加し、11年連続で過去最多を更新しています。教育行政も学校も、必死に増加防止に取り組んでいます。そうした中で、このような数値となるのは、**これまでの取組の他に、何かしらの取組が必要であるということです。**そこで注目を浴びているのが、学校DXです。

２　DXによる不登校対策

○オンライン学習や遠隔授業の実施
自宅や教育支援センターからオンラインで授業に参加できる環境を整備すると、在籍校の授業を受けることができます。級友が、オンライン授業中に不登校の子どもに声をかけたところ応答があり、徐々にやりとりができるようになり、時々の登校につながったという事例があります。
○オンライン相談体制の充実

スクールカウンセラーやスクールソーシャルワーカーによるオンライン相談を行い、子どもや保護者が気軽に相談できる体制を整えることができます。早期の問題発見と適切な支援が可能となります。

○心の健康観察の導入

1人1台端末を活用し、不登校の子どもをはじめ、子どもたちのメンタルヘルスの状況を把握する「心の健康観察」を導入している自治体があります。小さなSOSを早期に発見でき、適切な支援ができた多くの事例があります。

ちなみに、私が提案して開発してもらったシステムに「心の天気」があります。不登校の子どもは自宅の端末から、登校した子どもは教室の各自の端末から、その日の気持ちに応じて「晴・曇・雨・雷」のボタンを押すことで、自分の心の整理をしたり、担任に伝えたりできるものです。家庭から毎日欠かさず入力することで担任と結びついている不登校の子どもがいます。担任が子どもに電話をする際に、「2日前は雨だったね。何かあったの？」というように、「心の天気」が会話のきっかけになると言います。

○学習成果の成績評価への反映

文部科学省では、不登校の子どもが自宅や教育支援センターで行った学習の成果を、適切に成績評価に反映するための通知（「不登校児童生徒が欠席中に行った学習の成果に係る成績評価について（通知）」令和6年8月29日）を出しています。これにより、学校外での学習活動も正式な評価対象となり、学習意欲の向上が期待されています。

ここに示した事例は、すべてが学校DXによって実現できるものです。学校DXの重要性を示すことができる事例です。

☞３
データ活用で発達障害のある子にきめ細かい支援を

１　発達障害がある子どもにこそ学校 DX

発達障害がある子どもの教育は、ICT 技術を活用して一人一人のニーズに応じた支援を行う方向に進化するべきです。校務 DX で次のような事柄が実現できるようになります。

⑴個の特性に応じた学びの実現

発達障害の特性に応じて調整可能なデジタル教材を活用することで、学習のペースや難易度をその子どもに合わせることができます。例えば、文字が読みづらい子どもにはフォント（ユニバーサルデザイン）を変える、聴覚情報より視覚情報が得意な子どもには動画や図解で説明する、といったことが考えられます。

⑵ AI を使った学習支援

AI を活用して学習履歴や得意・不得意を分析し、個別の学びを提供するツールを導入することで、子ども一人一人に適した支援が可能になります。

⑶社会性・感情面のサポート

発達障害がある子どもは、言語や非言語のコミュニケーションに課題を抱える場合があります。ピクトグラムや簡単なメッセージを使ったアプリを利用することで、自己表現や意思疎通を支援できます。

(4) VRを使った社会性トレーニング

仮想現実（VR）を使い、社会的な場面を模擬体験するプログラムを提供することで、子どもが実際の場面での対応力を高める練習ができます。

(5) ICTを使った自己表現の場

ブログや動画制作、プログラミングなどを通して、子どもが自分の興味や得意を表現できる機会を提供することで、自己肯定感を育むことができます。

2　発達障害がある子どもへの教師の役割の変化

発達障害がある子どもへの教師の役割にも変化が出てきます。例えば、ICTを活用して集めた学習データや行動記録を分析して、その子どもの指導計画を立案したり、見直したりすることができます。**学校DXで集約したデータに基づき、現在の個別指導計画の妥当性を客観的に判断でき、修正もできることで、よりきめ細かな教育を進めることができます。**

保護者限定のデジタル情報ボードを提供することも可能となり、保護者は、家庭から子どもの学習状況や進捗を把握することができます。こうした環境提供によって、保護者からの教師や学校への信頼度は高まることでしょう。

1で示したような学校DXを活かした発達障害のある子どもへの教育は、校内において特別支援教育のスペシャリストを育てることにも通じます。発達障害がある子どもの成長が、データで把握できるようになることは、教師の意欲と力量を高める大きな原動力になることは間違いありません。

☞ 4
外国につながる子等への支援

1　学校 DX で外国につながる子への支援整備

現在の日本は働き手不足で、かつての生産性を維持することが難しくなっていることから、多くの外国の方が日本で働くことができる施策が充実してきています。そのため、外国につながる子どもたちも増えています。明日から日本語が話せない子どもが突然登校してくることがあっても不思議ではありません。

外国につながる子どもたちへの支援は、学校 DX で多様な文化や言語背景をもつ子どもたちが適切に学べる環境を整えることがポイントです。次に具体的な施策と教育アイデアを示します。

2　支援整備の実際

⑴多言語対応の学習プラットフォームの活用

言語の壁を低減し、子どもたちが理解しやすい教材を提供するために、AI 翻訳ツールや多言語対応の学習アプリを活用し、教材や指導を子どもたちの母語に対応させている事例があります。

外国につながる子どもが、学校にはコミュニケーションできるツールがあると認識するだけで登校を促すことができます。数日で登校しなくなる外国につながる子どもたちは、言語の壁を低減させる手立てがなんら打たれないことが原因の一つになっています。

⑵個別最適化学習の導入

個々の能力に応じた教育を実現するために、デジタルドリルなど、まず取り組めることから指導することが大切です。日本語である程度の会話ができるようになっても、授業がわかるようになっているわけではありません。まったく理解ができない教科があって当然です。日常生活に困らない日本語の読み書き、基本的な計算ができることを目標として、デジタル教材などを提供し、学びの支援をしている例があります。

⑶リアルタイム翻訳ツールの活用

リアルタイムで字幕を生成したり、翻訳したりするアプリがあります。外国につながる子どもの言語的なハンデを軽減するのに最適なツールです。保護者面談や学校行事でも翻訳デバイスを利用し、円滑なコミュニケーションができるようにしている学校があります。

⑷語学相談員とのオンライン会話

外国につながる子どもが多くなり、語学相談員を配置する自治体が増えてきました。基本は、語学相談員が各校を巡回し、該当する子どもたちを指導する体制がとられています。中には、語学相談員が教育委員会の一室から各校にいる子どもたちをオンライン上に集合させて、子どもたち同士のやりとりもさせながら、学習させる体制をとっているところがあります。オンラインとはいえ、自分の悩みを打ち明けることができるところだと理解して、積極的に参加している子どもがいると聞きます。学校DXの有効性を示す好事例です。

学校DXは、以前なら対応方法がなく、途方に暮れてしまうような状況を打開する可能性があると心しておくとよいでしょう。何かしらのアイデアが浮かぶはずです。

☞５
教師のストレスを減らすには

１　教員不足で肉体的にも精神的にも厳しい

私は全国各地の学校から呼ばれて訪問しています。校長先生との懇談の冒頭が、「この学校には先生は規定数通りに配置されましたか？」から始まることがほとんどです。かなりの確率で「実は新年度早々から教員が一人配置されていないのです」と嘆かれます。とても厳しい状況からスタートせざるを得ない学校が増えているようです。このような状況ですから、本来なら担当しない仕事（例：学級担任、補欠対応、他人の校務分掌）をやらざるを得ない教師が必然的に多くなります。

ここに学校 DX を効かせ、少しでも仕事の軽減を図りたいものです。もっとも仕事が減ればそれで解決するものではありません。管理職は適正配置になるように、教育委員会や外部に働き続け、状況打開に必死になって動くことを忘れてはいけません。人が少なくてもなんとか学校が回っているようだから大丈夫かなと思ってしまうと、教職員から見透かされます。協力もなくなる可能性もあります。

２　学校 DX で教師のストレスを減らす

無駄な仕事をさせられるほど、ストレスがたまることはありません。**学校DXを進める前に「思い込み業務」（玉置造語＝教育効果があると思い込んでいる仕事）を洗い出し、不必要なものを一掃することをお勧めします。**その上で学校DXを推進しましょう。

具体例を示しておきます。教材の共有化を始めの一歩として推進することをお勧めします。

例えば、個人が作った教材は共有財産と定義をしていれば、クラウド上に教材を置き、自由に活用できるようにします。こうした、ちょっとしたことで教員同士のつながりが生まれます。つながることで職員室での孤立感は薄れ、会話も進みます。関わらせていただいている学校で、３年前に比べると、どの教師の授業も格段によくなった学校があります。一番変化があったのは「職員室での笑い」だと研究主任は言いました。教材の共有化により、会話が進み、教職員間に一体感が生まれたようです。

DXによりデータの共有化が進むと、人と人とのつながりを強くすることを意識しておくとよいでしょう。データの共有化で声をかけるきっかけが生まれることに留意すると、データの共有化後に互いに一言かけて会話を生み出すことが、学校DXの効用を意識させることになると心しておくことです。「先生、とっても素敵な振り返りシートでした」といった一言でストレスも軽減します。これはデータで教員同士を結び付けることを意識している一言です。

☞6
クラウド活用で多忙化を解消

1　学校DXでの労務管理

労務管理の意義を「管理」という文言にこだわり過ぎてしまわないようにしたいものです。教職員の働き方改革を推進するための労務管理であること、言い換えれば、DXで教職員の管理を強化しようとするものではありません。その上で､次のアイデアがあります。
○勤務管理のデジタル化
クラウドベースの勤務管理システムに置き換えて、記録の精度向上や業務の効率化を図ることができます。スマートフォンやPCから勤務記録を簡単に入力できるようにすることで、負担軽減も進めることができます。

管理職としては、教職員の働き方が一覧できることをプラスに活かすことが大切です。個々のデータを基に、管理職と一人ずつがいかに結びつくかが重要です。DXを効果的にするものは、人間的なつながりで、そのためのDXでありたいと思います。

2　学校DXで多忙化解消

学校DXは、教職員の多忙化解消には外すことはできません。すでに優れた実践例がありますので、ここで紹介します。

○会議や連絡のデジタル化

必要最低限の会議に絞り、連絡事項は電子掲示板やチャットツールで共有することで、時間削減を図っている学校があります。

活用が進んでいる職場は、タブレットやスマホ利用を推奨しています。わざわざ職員室に戻り、連絡事項を確認するのは得策ではありません。利用度を増すためには、ユーザー目線でDX設定を考えることが大切です。

○デジタル教材の活用

ICTを活用して教材をデジタル化することで、教材準備にかかる時間が短縮され、既存の教材を効果的に再利用することが可能となります。また、デジタル教材は共有化することは容易です。同僚性も育まれます。多忙化解消につながることは間違いありません。

○授業準備の支援

デジタルツールやAIを活用して授業計画や資料作成を効率化することで、教員が子どもと向き合う時間を確保できます。

ある教師は、授業計画や資料を事前にクラウド上にあげて、子どもに見るように指示しています。それを見て事前学習をしてくる子どもが増えてきていると言います。教師は子どもが成長することがなりより嬉しく感じます。DXによる授業改善の好例です。

○振り返りのデジタル化

熊本大学大学院特任教授の前田康裕先生によると、授業での振り返りはデジタルで入力させて、互いに見られるようにすることで、振り返りの質を高めることができると言います。つまり、教師が一人ずつにコメントを書くより、効果があると言うのです。コメント書きに時間がかかることは間違いありません。クラウドで共有化を図り、振り返りの変化を読み取るとよいでしょう。

Column

ある教室の一日

DX が日常化された子どもの様子

子どもたちに DX が浸透すればするほど、担任として子どもたちに「私をもっと頼ってくれていいよ」と言いたくなっています。どういうことなのか想像がつくでしょうか。以下に教室でのエピソードや様々な教師から聞いたことを紹介します。

○　ある子どもは、授業が終わると「NHK for School」サイトにアクセスします。今日の学習に関係するコンテンツがあるかどうか確認するためです。あったときには、その URL をクラウド上にある自分のメモ帳（アプリ）にコピーします。なぜそうするのかと聞いてみると、「休憩中や家でそのコンテンツを見ると、授業のまとめができるからです」と言いました。「わかったつもりになっていたことがそうではなかったこともわかるから」とビックリするようなことも言いました。担任を信用していないのではと思ってしまいます。

○　ある子どもは、授業が終わると必ず板書写真を撮ります。振り返りはどの教科でも日常化させているのですが、黒板の写真とともに記録しておくと、前の授業がしっかりと思い出せるというのです。私の板書を子どもたちがデジタルで保存していると思うと、気が引き締まります。子どもたちの考えを黒板に残しておくように心がけてもいます。子どもたちに鍛えられています。

○　兄は中学校教師をしているのですが、兄も DX が進んできたことで担任として嬉しさを感じることが多いが、同時に寂しさも感じていると言います。

例えば、これまでは授業中に質問する生徒がいたというのですが、DXが浸透してきてからは、クラウド上で他の生徒の書き込みを見てヒントにしたり、チャットで互いに質問し合ったりして、解決していくことを優先していて、自分が頼りにされることが少なくなったと言うのです。教師として嬉しさを感じながら、寂しさを感じているという兄の気持ちはよくわかります。

○　我がクラスの子どもたちが小学校卒業を前にして、中学校について知りたいというので、兄のクラスとオンラインでつなぎ、質問会を実施したことがあります。それ以後、中学校のことを知りたかったら、私よりオンラインでやりとりした中学生を頼るようになったのです。嬉しくもあり悲しくもありという心境になりました。

○　我がクラスは、忘れ物防止のための「明日の持ち物」コーナーがサイト上にあります。開始当初は、私が入力していましたが、「先生は忘れっぽいので私たちで入力します」と言われ、子どもたちが運営するサイトになってしまいました。もちろん、この方がよいのですが、担任として非力なのかと思ってしまいます。

○　このように子どもたちがDXを上手く使い、どんどん成長していく姿を見ると、「もう少し私を頼ってくれていいよ」と言いたくなることがあるのです。もちろん、こうした心境になれるのは幸せなことです。子どもたちの成長を目の当たりにしているからです。

○　ある子どもは「おじいちゃんにクラウドの使い方を教えた」と言っていました。学校で端末を使いこなしているからこそ、自信をもって大人に説明ができるのです。孫の成長を喜んでおられる様子を想像しています。

6　子どもと私たちにとって楽しい学校になるための DX に向けて

◆対談

［お相手］水谷年孝（春日井市教育委員会教育研究所教育 DX 推進専門官）

愛知県春日井市教育委員会教育研究所教育 DX 推進専門官の水谷年孝氏に、子どもや教職員にとって楽しい学校となるための教育 DX のあり方についてお聞きしました。

1　教育 DX で変わる学校

玉置　水谷先生は、校長や教育委員会で課長職を務められたわけですが、教育 DX は、学校のどんな部分をどう変えるのでしょう。
水谷　とても多くの部分を変えると実感しています。あらゆるところに変革を生み出します。まずは使ってみること、その環境にどっぷりつかることで、変化が実感できると思います。
玉置　教育 DX 推進専門官ですから、言葉に重みがありますね。実際に多くの事例を見て、実感されておられるのですね。

水谷　そうです。教育DXは、従来のPCやネットワークでファイル共有をしたり、アプリ活用をしたりするレベルのものではありません。クラウドを活用して、情報をいつでもどこでも、どこからでも共有することが入口となります。ファイルで情報を共有するのではなく、URLで共有、つまり情報の場所を共有することから始まります。時間や場所に束縛されることなく、自分のタイミングで、しかも、取り残されることなく情報共有ができるようになります。

玉置　このお話は、子どもレベルの話でよろしいですね。

水谷　はい、子どもの話です。例えば、これまでの授業では、先生が情報提示することが主でした。それが先生ではなく、子ども自身が情報を取得したり活用したりする、つまり主語が子どもとなる授業が実現できると考えるとよいでしょう。

玉置　私が春日井市で見た授業での子どもたちは、とても主体的でした。課題解決に向けて、自ら情報を探し、級友とその情報を共有して、さらに課題解決に向けて精度を高めている子どもたちをあちこちで見ることができました。自ら考えて取り組んでいるので、その表情もとても明るく、参観者から「ここまで子どもたちだけでできるんだ」という驚きと感嘆の言葉を耳にしました。DXが進むと、これは特別な授業場面ではなくなるということですね。

水谷　その通りです。子ども自身のタイミングで自由に端末を使い、求められているミッション達成に向けて、レポートなどでも新たなものにどんどんブラッシュアップしていきます。

玉置　お話を聞いていると、子どもの力を信じて任せることの大切さを感じます。子どもの力を教師が見限らないことが大切ですね。

水谷　場を作れば、想像以上に子どもが動き出します。参観された方の中には、教師が大変ですよね？　と言われる方もいますが、教師が子どもから学ぶ姿勢が成功要因になると思っています。

玉置　教師が子どもから学ぶ姿勢が成功の秘訣とのこと。子どもの学びと教師の学びは相似形であるべきだということですね。

水谷　子どもたちが、自己選択・自己決定して自分の力で学びを進めることができるように、学びの環境を整備することはこれまで以上に重要です。同時に、先生たちが校務や研修の場面で、どんどん端末を使ってそのよさを体感することが大切です。回り道のように思う方がありますが、先生たちが DX のよさを実感すると、比例して授業での DX 化が進むことを目の当たりにしています。

２　教育 DX を進めるために大切なこと

玉置　改めて教育 DX を進めるには何を大切にすべきでしょうか。

水谷　再度言いますが、子どもも教師も DX を体験することです。情報活用能力や問題発見解決能力は、段階的に繰り返し繰り返し指導していくことが重要です。失礼な表現になるかもしれませんが、子どもだけでなく、教師も段階的に学ぶことでそれらの能力が高まってきます。ただし、今までの枠組みの範囲だけでやろうとすると、負担が増えるだけです。わかりやすい例ですと、何かトラブルが起きるといけないから、授業で子どもたちに使わせるのはやめておこうとか、校務ですと個人情報管理ができないかもしれないから、やめておこうと思うと、その瞬間に教育 DX はすべて終わります。

玉置　瞬間にすべて終わりますは厳しい言葉ですが、十分に納得できます。今までの枠組みで考えるから、消極的になるということですね。その枠組みが正しいと思い込んでいる方がありますね。古い話で恐縮ですが、通知表所見をコンピュータで打ち出そうと提案したときに、それでは温かみがなくなると発言した方がいました。通知表の温かみは何でしょうか？ と優しく聞きました。所見の本質は、子どもや保護者が担任の先生は私のことをよく見て助言していてくれると思ってもらうことです。手書きは本質ではありません。しかし、リスクがあるのでは？ と言われると少し怯んでしまいます。

水谷　何事も多少のリスクはあります。私は、それを理由にやめることは、子どもたちの学びや可能性、さらには成長を止めてしまうという大きな罪を犯すことになるのですと伝えます。大きなことを言えば、すでに貧しい国になってしまった我が国が、このあと何とかやっていくためには教育だけでなくすべてでDXを進めていく必要があると思います。

玉置　教育だけでなく、他分野においてもDX化を進めないと日本は立ち行かなくなるというご指摘ですね。例えば、健康保険証とマイナンバーカードの統合もその一つですね。マイナンバーカードを健康保険証として利用することで、患者情報を一元管理できますし、複数の医療機関での診療情報の迅速な共有が可能になります。

水谷　生成AI活用もDX化の一つです。先日、文部科学省から校務DXチェックリストの速報値が公表されましたが、生成AIが全く活用されていない学校が6割もありました。大きな問題だと思います。使えないようにしているのか、使うことを視野に入れていないのか、自治体や管理職のあり方の問題です。このような状況を続けていれば、いくら文部科学省が条件整備をしようとしても進みません。PDCAではなく、アジャイル型で進むべきで、最初から完璧を目指すのではなく、不完全であるとわかっていても、まずはやってみることが大切です。やらなければ、真のDXは実感できません。

玉置　ありがとうございます。全ての学校関係者がDX化に前向きに取り組むことで、子どもの未来がより拓け、真の楽しい学びの場が生まれることを提言していただきました。

■著者紹介

玉置　崇〈たまおき・たかし〉

岐阜聖徳学園大学教授。1956年生まれ。愛知県公立小中学校教諭、愛知教育大学附属名古屋中学校教官・教頭・校長、愛知県教育委員会主査、同県教育事務所長などを経験。文部科学省「統合型校務支援システム導入実証研究事業」委員長、「新時代の学びにおける先端技術導入実証事業」委員などを歴任。文部科学省「学校DX戦略アドバイザー」、デジタル庁「デジタル推進委員」。授業と学び研究所所長、一般社団法人未来を拓く学校づくり研究会代表理事。学校経営、授業づくり、生徒指導、教育分野のDXに精通。著書に、『働き方改革時代の校長・副校長のためのスクールマネジメントブック』（明治図書）、『先生と先生を目指す人の最強バイブル　まるごと教師論』（EDUCOM）、『学校を元気にする次世代学校ICTシステム活用術～情報機器を眠らせない全校体制の進め方～』（EDUCOM）、『先生のための話し方の技術』（明治図書）、『落語流 教えない授業のつくりかた』（誠文堂新光社）など多数。

いちばんわかる！

学校DX事始め

“NEXT GIGA”に備える基礎知識＆実践ガイド

令和7年5月1日　第1刷発行

著　者　玉置　崇

発　行　株式会社ぎょうせい

〒136-8575　東京都江東区新木場1-18-11

URL：https://gyosei.jp

フリーコール　0120-953-431

ぎょうせい　お問い合わせ　検索　https://gyosei.jp/inquiry

〈検印省略〉

印刷　ぎょうせいデジタル株式会社

＊乱丁・落丁本はお取り替えいたします。

ISBN 978-4-324-11481-0

(5108986-00-000)

［略号：学校DX］